民主主義教育21
Democracy Education
別冊

政権交代とシティズンシップ

2010.6

はじめに

本企画は、全国民主主義教育研究会の二〇一〇年の一月の全国中間研究集会（東京）石田英敬報告、小玉重夫報告をいただいた。関西では二〇一〇年二月にはじめて開かれた関西中間研究集会（京都）二宮厚美報告をいただいた。その講演集である。

ご存じのとおり、二〇〇九年に政権交代があり、流動化する日本の政治、経済のゆくえが問われた。このような論客を交えての研究会は会員の満足のゆくものであったが、広く機関誌の別冊として、世に問う方が、全国民主主義研究会の社会的役割も果たせると思う。このサジェスチョンをいただいた同時代社の高井さんに感謝を申し上げたい。

二宮報告は、民主党の鋭い人脈分析、主流派小沢の反構造改革への転換と、七奉行の新自由主義派との軋轢がすごい。新自由主義は、資本主義に埋め込まれていて、対抗する勢力がしっかりとした視点をもつ必要が強調される。格差貧困という社会的破局、経済的破局、自治体の財政的破局の三つの破局をどうみるか、どう処方箋を描くかが真に新自由主義に対抗する上で問題になる。とくに、民主党の限界でもある水平的所得の再分配ではなく、垂直的所得の再分配の視点が必要である。また新自由主義的地方分権という名の地方への国家補助の切り捨て、競争を地方自治体間に持ち込もうする方向へ、従来、国家主義に対抗してきた勢力も絡めとられている点の指摘は、他政治経済学の論各にないとても面白い内容になっている。

小玉報告は、最近議論が深められているシティズンシップをその要素に分解して、三つの構成要素に分けて分析する。それは、シビックアプローチという従来の社会科が目指してきた知識を積み重ねる学校教育的なものである。次に、共同体的アプローチであり、品川の市民科的な道徳的なアプローチである。私個人としてはとても警戒している動きである。また、第三に、パブリックワークという、市民としての実践行動をミネソタ大学センターのものを評価される。この流れは、イギリスのクリックレポートの政治的リテラシーともつながり、批判的な視点をもったアプローチであり、「無能な」市民の政治的、主権者的行動を、動員主義でなく、見て行こうとする視点は、全民研の主張してきた主権者教育ともつながり、一八歳選挙権、成人を肯定的にシティズン育成の機会としてとらえている。

石田報告は、メディアをめぐる政治と、インターネットコミュニケーションの公論へのかかわりを述べている。オバマや小泉、サルコジにも触れながら、メディアを利用した政治が、消費者のサービスを求める消費文化の広がる四〇年に実はとても親和性が高いものであった。言論はネット空間で復活するのだろうか。マスメディアが、日本経済新聞電子版の発刊をはじめ、解体再編される中で、石田論考の視点は鋭い。社会的な公論をつくってきた新聞、テレビから、新しい公論をつくる公器に、消費文化を超えて、大衆的な公論をネット民主主義が成立するのか、今後の民主主義の成熟とともに、単に楽観的にならずに、消費文化に対して市民社会の視点で見つめたいものである。その視座をこの論考は与えてくれる。

二〇一〇年四月一一日　全国民主主義教育研究会　編集長　杉浦真理

民主主義教育21 別冊

政権交代とシティズンシップ

目次

民主党政権下の日本と新自由主義

二宮厚美

はじめに――新自由主義のとらえ方

現在進行中の世界的規模の恐慌、経済的破綻状況を捉えて、新自由主義はもはや破綻したという評価がかなり多くあります。しかし、新自由主義本来の性格は、そもそも資本主義の生命力に関わるイデオロギーという点にあるために、そう簡単になくなるとか、破綻して墓場に自動的に向かうとか、この世から消滅するというものではありません。資本主義社会は根っこのところで新自由主義というものを一種体質的なイデオロギーとして持ち合わせています。だから、資本主義社会が滅びない限り、新自由主義のイデオロギーそのものは簡単に滅びるものではない、このことを最初に押さえておいていただきたいと思います。ただ、新自由主義というものがどういう形で現れるのか。政策の顕在的な表現をとって現れてくるのか。ある政権ある内閣のもとにおける貫徹の仕方、その現れ方には違いが出てくる。潜在的か顕在的か、どういう形を取って現れるか、資本主義の生命を維持するという役割を果たすその多様性、現れ方の違いに私たちは目を向けていかなければいけません。

何故そういうことを言うかといいますと、新自由主義は体制の内部において消滅していくというものではなくて、これに対抗する勢力が克服していく対象だからです。国民的な力によってこれを墓場に送らないかぎりはなくならないのだということ、その意味で新自由主義の行方は、憲法に基づく国民運動の側が主体的に克服していく力によって左右される、そういう相手なのだ、という視点から見ていく必要があるということです。

したがって、日本の新自由主義的な構造改革についても、少なくとも国民サイドから見れば、克服する視点を対置しながらこの動向を眺めていくということが非常に重要になってきます。そこで、民主党政権の下で新自由主義はどういう動きを示しているのか、示そうとしているのかにつきまして、以下お話しさせていただきたいと思います。

1　小泉構造改革を墓掘り人にした自民党の敗北

まず、民主党政権そのものの性格を押さえておかなければいけません。何事も政権が生まれるときにはそれなりの理由があり、誕生には秘密があるはずです。なぜ政権交代が起こったのか、その背景、出自・由来を最初に考える必要がある。

結論を先にいいますと、政権交代は、自民党が小泉構造改革によって自ら墓穴を掘った結果として生まれた――これが政権交代を簡潔に表現した理由ということになります。なぜそうなったか。小泉構造改革は三つの側面で、自民党の墓穴を掘った。

伝統的な自民党の支持基盤

一番目は、小泉構造改革が自民党の伝統的支持基盤を壊したということです。

これまで、非常に長きにわたって自民党一党支配及び連立支配が続いてきたわけですが、その支配基盤というか支持基盤を、小泉構造改革が破壊または萎縮させることになりました。自民党の伝統的支持基盤というのはどういうものであったか。これは通説でありますが、一つは利益誘導政治、二つ目は企業社会の構造、この二つです。

前者の方は土建国家型の政官財癒着のもとでの利益誘導政治を意味しますが、具体的にいえば公共事業だとか福祉行政だとか教育行政、すなわち行財政の全般にまたがって族議員が霞ヶ関と結びつき、集票機構を作り上げてきた。公共事業や補助金を地元に引っ張ってきて選挙の時には俺の所に票をよこせというタイプの、もっとも伝統的な自民党の集票マシーン、この利益誘導政治が第一の支持基盤です。

第二の支持基盤は、企業城下町に見られるように、日本の労働者の上層部分を中心にしてかなりの労働者が企業社会の下に統合されて、いかにも簡単に企業ぐるみ選挙に巻き込まれるという構造にありました。ヨーロッパの労働者が労働組合の力を背後にして、福祉国家を活用して人生設計を立てるという生き方をしてきたのに対して、日本の場合には福祉国家ではなく企業社会に依存して生活設計を立てるという構造が長く日本的経営の下で続いてきました。これが都市部における自民党の非常に強力な支持基盤を築き上げてきたわけです。

この二つは日本経済の成長パターンと関連しています。電気や自動車に代表される、輸出依存型の大企業中心の経済成長は、同時に非常に広範な企業城下町を作り上げて、その内部及び下請け労働者にまでおよぶ企業内統合と並行して進んだ。これに対比していえば、重厚長大の素材分野、建設・土建は公共事業に依存しながらそれなりに成長を遂げていき、利益誘導型の土建国家型政治と結びついていた。

こうした二つの基盤をもって日本経済は発展するという構造をとっていましたので、公共事業に依存しつつ、同時に輸出主導型で乗り切ってきた日本の経済の特徴と、自民党の支持基盤はパラレルだったわけです。企業社会の下での労働者支配と、それから利益誘導政治の下での広範な住民支配、これが伝統的な自民党の支配構造だった。

小泉政権は、この二つの基盤に対して当初、自民党をぶっこわすといい、聖域なき構造改革をやるのだといって登場したわけです。そして、実際に、結果として自民党の支持基盤を壊すことになった。公共事業の縮小、補助金の見直しが進められて、実際上、田中角栄に代表される伝統的利益誘導政治のパイプはかなり細くなった。郵政民営化などを進めて郵政族であるとか、医療費の抑制政策を続けて社労族であるとか、教育関係の費用の削減・抑制を通じて文教族だののそれぞれの基盤を壊してきた。これはマスコミも指摘しているとおりで、族議員に基づく自民党の伝統的な支持基盤が相当壊れてきました。

それから、日本的経営の見直しによる労働者の企業離れ。年功制賃金、終身雇用、企業別組合の下で統合されてきた労働者が、企業離れに向かうことになった。現在二〇代半ばでの若者層の半数が非正規社員ですから、正規社員を統合するメカニズムが若年層で狂い始めてきて、企業ぐるみ選挙などというものに乗る若い労働者はそう多くない。こういう日本的経営の見直しを財界と小泉構造改革がやったものですから、企業内に統合する仕組みが崩れてきて、都市部における自民党離れが進行する。この結果、小泉構造改革に代表される新自由主義が自民党の支持基盤を、短期的というよりは、十数年に渡って壊し続けてきた、その結果が今回の総選挙になって現れてきたのです。これが一点目。

国民の「自民離れ」と民主党の受け皿化

二点目。小泉構造改革そのものに対する反発が小泉政権の末期頃から非常に強くなった。まず、介護や後期高齢者医療制度を通じて高齢層の小泉離れが先に進行した。一方で、格差・貧困問題の深まりの中で若者層の離反がつづきます。これは安倍政権とその当時の参議院選挙の時に極めて顕著になってあらわれました。こうして新自由主義的構造改革そのものに対する批判が国民の諸階層に進行する。つまり小泉構造改革というのは自民党の支持基盤を壊すと同時に、自分に対する反発を国民の諸階層から呼び起こしたのです。

その結果、第三に、これらは一連のつながりを持っているのですが、従来は兄弟関係にあった民主党を仲違いの関係に追いやってしまった。つまり民主党というのは小沢民主党の時代、二〇〇六年の四月以前には、新自由主義に立脚する前原・岡田両代表が民主党を取り仕切っていた。この時期は小泉政権期に重なるのですが、明らかに構造改革を追求する政党でした。だから当時の二大政党は、同じ構造改革路線で競い合う関係にあった。私流の比喩で申しますと、構造改革球団の一軍が小泉政権、二軍が前原・岡田民主党。その当時の前原・岡田民主党は、俺たちを構造改革球団の一軍にしてレギュラーポジションを与えろ、そうすれば構造改革はもっとスムーズに強力に進められると主張していた。同一球団内の一軍と二軍が競い合う、そういう意味での二大政党体制であったわけです。

ところが小沢民主党の時期から、選挙で勝ちに出るためには、後で申し上げますように、「上半身」の部分では小泉路線とは縁を切る方向に切り替える。つまり、国民から見えるマニフェストの部分については、脱構造改革の姿を提示した方が得策だという作戦に切り替えた。その当初は、明らかに参議院選挙に向けた集票作戦として「脱構造改革」を「上半身」に映し出すという構造を取ったわけです。これは、言うまでもなくすでに国民が構造改革離れを呼び起こしているのですから、その受け皿化を図ったものです。小沢民主党は、当時の自公政権、つまり安倍政権と相争うためには、同じ構造改革を目指すというよりは脱構造改革で、すでに脱構造改革に向かっている世論に応えた方がいいという判断にたった。こうして、小泉構造改革は、民主党をその彼岸に追いやってしまった。

こういう結果として小泉構造改革は自民党の支持基盤を萎縮させ、かつ構造改革自らに対する国民の反発を高め、その国民の反発の中で民主党を兄弟関係から別の対抗路線の政党に半分切り替えるという役割を果たした。そういう意味で政権交代は小泉構造改革によって自民党が自ら墓穴を掘ったということになります。

2　民主党政権の性格と内部のねじれ

民主党の互いに異質な上半身と下半身

そこで問題は、結果として生まれた民主党政権はどういう性格を持ち合わせているのか。まず、民主党の上半身部分は脱構造改革的性格を持っている。これは先の参議院選挙で与野党逆転を招いたときのマニフェスト、それからそれをさらに進化させた今回の選挙時のマニフェスト部分によく現れています。教育関係でいいますと、公立高校の授業料の無償化とか、子ども手当の創設とか、全国学力テスト一斉実施のサンプル調査化とか、農業の分野では農家戸別所得補償制度の創設、福祉では後期高齢者医療制度の廃止、障害者自立支援法の廃止。こういった流れはあきらかに脱構造改革的性格を持ち合わせていますから、つまり国民から支持を受けます。

これを民主党の中では誰が代表しているか、脱構造改革的性格を一応前面に出す役割を果たしてきたのは誰なのかということですが、ここが民主党の複雑なところで、実は主役はこれまでのところ小沢一郎であったといってよい。現在までのところ、小沢が民主党の中枢部に座ってこうした性格を民主党のカラーとして国民にアピールする役割を担い、成果をあげてきた。小沢・鳩山ラインで現在までのところ維持されている。なぜ小沢に現在マスコミあげて集中攻撃がいっているかというと、小沢・鳩山ラインを崩さないと、新自由主義を復活する見通しが立たないからです。これは非常に複雑な経過ですが、現時点ではそういう関係にある。

他方、前原・岡田時代の民主党の路線というのは新自由主義的構造改革でした。これはなお下半身の部分に残っている。下半身というのは二つの意味があります。民主党のもともとの性格、上半身よりも強く足腰に残っている民主党全体の体質を表している。なお強く下半身に新自由主義的構造改革の路線が残存している。と同時に、下半身の部分は通常隠されているという意味がある。従って、これは国民にはなかなか見えにくいという意味での下半身、ここは構造改革路線そのものだということです。

これを代表するのは、だいたいのところ、今をときめく「七奉行」です。昨日（二〇一〇年二月一〇日）大臣に任命された枝野幸男は典型的な新自由主義構造改革派です。事業仕分けの陣頭指揮をやった仙石由人もそうです。事業仕分け活動のルーツは、加藤秀樹率いるところの「構想日本」が自治体で行政改革をやったときの手法にある。この手法は、ニュー・パブリック・マネジメントと呼ばれた行政効率化手法の一つで、これは小泉政権の時に自治体レベルでやってきた方式を全国的レベルでやろうということです。あれは小泉構造改革となんら変わらない、新自由主義そのもののやり方を示している。こういうことが見え見えだったわけですが、ご存じのとおり鳴り物入りで宣伝したものですから、あれが新しい政治の動向を表現しているかのように一部錯覚が起こった。今回、枝野が反小沢という衣を着て行政刷新相に就いたというのは、民主党政権の中で構造改革派がじわじわと頭をもたげてきたということを示しています。前原・岡田両人が構造改革の民主党内における主流であるということはもはやいうまでもありません。どちらかというと民主党の若手で、マスコミで活躍しているのはだいたい新自由主義派と思っていいと思います。そういうことでマスコミから脚光を浴びてきたわけですから、これは一般のマスコミ情報内の変なネジレに他ならないのですが、こういう上下半身関係が民主党の勢力内部にあるということです。

普天間基地をめぐる民主党のねじれ

そこで問題は、この異質な上・下半身が動き始めるとねじれることにある。このネジレが現在の民主党の様相の全てといっていいくらいです。ご存じのとおり、沖縄の普天間基地の移設について県外に出すというのが鳩山首相の公約だった。この上半身の部分で最初は動き始める。小沢は「もともとあんなきれいな海を基地で破壊してしまうのはやっぱり良くないよなぁ」などとつぶやいていた。これでもって鳩山政権は県外移設を掲げ、民主党が推薦し、民主党他現在の連立政権勢力で沖縄の小選挙区で全勝したわけです。自民党の沖縄選出の衆議院議員は一人もおりません。これは明らかに県外移設、米軍基地の再編成、これをうたったマニフェストが沖縄県民の支持を得たということを示していますから、明らかに小泉路線とは違う選択が支持されたということを意味しているわけです。

その上半身の部分が動き始めると、たちまち残された改憲型構造改革路線が力を発揮し始めるから、にっちもさっちもいかなくなる。岡田外務大臣は一回か二回沖縄を訪問しただけです。彼は早々に県外移設をあきらめる。北沢防衛庁長官などは一回行ったきりで「県外移設は無理だ」となった。その後の経過は省きますが、鳩山首相は五月末までは決着を延期するという立ち往生の状態に陥った。私は、これをある意味で評価しています。ネジレの中で一種立ち往生の状況になっているという事態は、自公政権時代よりもよほどよい。これをむしろ活用しなければならない。この状況を活用して、名護市民は画期的なことに沖縄に基地はいらないという統一候補を勝利させました。これによって沖縄県民の意向も大きく変わることになった。だから一層民主党政権のネジレは深刻になってきて、名護市長選の翌日には、官房長官が「地方選挙の結果には斟酌する理由はない」などといった。これは完全に下半身の部分が表面に出たということを意味します。

ところが、その翌日に、小沢はさっそく名護に出かけて現地の意向を聞き、記者会見で名護市民の意向を無視することはできない、自分なりの対応をしたいといった。ここでも、小沢の方が積極的な役割を果たすという奇妙な事態が生まれた。だが、これによって鳩山政権はもう一度息を吹き返して、沖縄県民の意向を無視するわけにはいかないと立ち直ることになった。そこでペンディング状態が続いているわけです。だから、この五月までのペンディング状態をどういうふうに国民が活用するか、これが問われる。そういう意味で政治の主人公に国民がなりうる一つの条件を、上半身と下半身がねじれた状況の中で作り出している、こういったふうに考えることができるのではないかと思います。

雑居世帯の民主党のパッチワーク風マニフェスト

上半身と下半身のネジレが他にもあります。

後期高齢者医療制度は廃止すると言っておいて、三年間待ってくれと先送りをする。一方で障害者自立支援法については、廃止の確認を二〇一〇年一月七日にやった。障害者の訴訟原告団と長妻厚生労働大臣が、新年早々に会談して確認書を取り交わしました。なぜこうしたことを年明け早々にできたか。実は、この背後にも小沢の力があった。年末に予算編成で紛糾した時点で、民主党が予算の重点要望項目を取りまとめて、小沢がそれを鳩山首相に渡しに出かけた。この項目の中に、来年度の予算編成で障害者自立支援法廃止というのは明記されていたのです。だから確認書を取り交わしてもかまわない、ということになったわけです。

私は別に小沢一郎という人物を擁護するつもりはまったくないのですが、現在の政治力学上は小沢の方が前原や岡田や枝野などと比べてみると、政治と金問題、政治献金の問題があるにもかかわらず、政治的立ち回りの点では国民の要望に添った上半身に添った動きになっているわけです。だから逆に、この小沢を失脚させる、そうすれば鳩山政権の顔が変わる。つまり内閣改造をやらざるを得ない。その動揺につけこんで、自民党等の保守勢力が、きたる参院選で、ある程度巻き返しができる。民主党政権を今壊すことはできませんから、小沢を潰して鳩山政権を動揺させ、参院選である程度失地回復する、その後には政界再編成をしかける、というのが現在の保守の戦略、または新自由主義的構造改革派の目論見になっているのではないか、と思います。だから小沢バッシングが政局の焦点になっているわけです。

これはいったいどういう事情によっているのか。それは言うまでもなく民主党という政党そのものが、構成メンバーから見ると、雑居ビル、寄り合い所帯になっているからです。さまざまな党派、さまざまなグループから成り立っている。それからマニフェストの作られ方がいかにもパッチワーク風である。誰かが一つのビジョンの下に整合的にマニフェストをまとめて書いたというものではない。年金問題だったら長妻が書く、介護や医療問題だったら京都出身の山井和則が書く、教育問題であれば日教組出身の輿石や周辺のブレーンが書く、そういうパッチワーク作業の産物です。全体として整合性・一貫性があるわけではなく、統一した長期ビジョンになっているわけではない。民主党というのは政党の中では奇妙な集団で、第一綱領をもたない。

九八年に発足したときも簡単な政策方針があるだけで、自分たちが政党としてどういうことを理念にして、どういうビジョンでもって政党活動をするのかという、もともとの柱というか綱領がない。だから非常に変わりやすいし、傍目にはわかりにくいという特徴がでてくる。そこで、上半身と下半身でみると、両方がねじれるという状況になってしまうことになる。

新自由主義をめぐる新たな政治的構図

さて、この結果、新自由主義は今どういう状況にあるのか。これはいささか複雑な状況のなかにおかれている。民主党内では、上半身はさしあたり「反・新自由主義」、ところが、下半身は「親・新自由主義」、こういう構図のもとにある。この下半身の新自由主義派の動きは、さしあたりは、古い自民党の伝統的な政治のやり方に対しては批判的で、利益誘導政治を破壊しようとしている。だから、民主党を真ん中においてみると、その左に立つのは「脱構造改革」「反・新自由主義」、右にあるのは伝統的自民党の土建国家型政治ということになる。

民主党は、マニフェストの冒頭に「コンクリートの政治から人間尊重の政治へ」というスローガンを掲げた。これはどういう性格を持ったスローガンかというと、れっきとした新自由主義です。コンクリートの政治というのは土建国家型の開発優先型、族議員支配の政治ということで、これに別れを告げて人間重視の政治へということですから、このスローガンは実は小泉構造改革が掲げてきたスローガンにほぼ同じ、つまり新自由主義のスローガンです。だからこれでもって公共事業を縮小する、官僚主導をなくす、高速道路を無料化するということを言っているわけです。

これに対して、自民党はなかなか有効に反撃することができない。たとえば、民主党が事業仕分けなどで官僚の天下り先をなくすというと、自民党はこれに反対するわけにはいかない。では、民主党の上半身部分の「脱構造改革」の部分に諸手をあげて賛同するかというて、これもできない。たとえば、子ども手当の創設について、のっけから止めろとはいえない。農家戸別所得補償制度も自民党の路線とは異なる政策ですが、これに反撃するというわけにもいかない。その意味で、今参議院選挙を前にして、もっとも混迷の度合いを深め、もっとも困っているのは自民党です。

自民党は、現在の民主党に対決しない限りは、参議院選挙において失地回復はできない。とはいえ、自民党はどういうビジョンでもって現在の鳩山政権に対決し、政策論争を進めていくのか、まったくといってよいほどに、手詰まり状況にある。まさか、もう一度小泉構造改革に立ち戻って、それをやれとはいえない。この点については、衆院選で決着がついている。かといって、昔の自民党政治にもどることもできない。さらに、「脱構造改革」の民主党の、いま国民に受けている政策に真っ向から反対するわけにもいかない。だから自民党はどういう形で国会を乗り切るのか、混迷に次ぐ混迷という状況にある。私は、大きな歴史の流れでみると、民主党政権のネジレだけでなく、この自民党の混迷ぶりを視野におさめておくことが重要だと思います。自民党にできるのはただ一点、政治と金の問題で鳩山政権を追及するしか手がない。しかし、政治献金問題と新自由主義の問題とは性格が異なります。

そこで、新自由主義というのは正面から攻撃もされないし、かといって新自由主義そのものが積極的に擁護されているわけでもない。非常に複雑な状況の中で何となく宙ぶらりんという事態になっている。これが現局面だと思います。ところがこの新自由主義は、自然に無くなってしまうとか、勢力を弱める方向に向かうというものではない、ということもはっきりしている。だから、必ず次に再び大きな問題になる。今後また大きな政治的焦点になる。そのときに、新自由主義がどういう新しい姿をとってあらわれてくるのか、また、民主党政権がこれにどのように関連してくるのか、ということが問題になってきます。いわば、民主党がこんど動く際の磁場がどうなるか、という問題です。これを次に考えておかなければいけません。

3　現代日本の抱える三大難問

現代日本で今後、新自由主義的な構造改革を克服していこうとする場合、三つ難問にぶつかります。これは、これからの新自由主義がどうなるかという場合の磁場を形成する三つの難問である、と言いかえられます。そこで三つの難問のキーワードだけを先にあげておくと、社会的破局、経済的破綻、財政危機、この三つです。

階級的格差を起点にした格差・貧困問題

第一の社会的破局というのは、格差・貧困問題の深刻化のことです。これが新自由主義の帰結として、日本社会全体が抱える最大の難問だと考えていい。この問題は現在も進行中で不況の中で失業者が増大し、不安定就業者や半失業層も増大している。生活保護受給者は一七五万人、世帯数にして一二五万、そういう趨勢にあるし、また子どもの分野でも就学援助受給率が一四％、大阪ではその倍の約二八％になっている。ちなみに、大阪は失業率も七・七％で、都道府県のなかで一番高く、おしなべていうと、他地域に比較してこの関西において格差・貧困問題が強く残り、また深刻化しているという状況にあります。

この問題にどう対応していくのか。このときに我々が注意していかなければいけない点は、理論上、政策上見極めておかなければならないことがある、ということです。

まず、新自由主義は国民諸階層の格差を、社会のいわば表層部分で拡大した。たとえば正規社員と非正規社員の格差の拡大、大都市とローカル間の地域格差を拡大、ジェンダー間の格差の拡大。これらの階層的な格差の広がりは、誰の目から見ても明らかだから、マスコミなどでは、これがまず取りざたされる。だが、これらの階層的格差はあくまでも第二次的なものであって、その根源は、階級的な格差の広がりにあるのだということを押さえておく必要があります。そうでないと、第二の問題である経済的破綻の問題も十分に解明されない。

階級的格差は何よりも労資間の格差のことです。労働分配率のこの間の一貫した低下、今回のバブル崩壊までの大企業の高利潤率、これは労資間の階級的格差の拡大を物語っています。「いざなぎ越え」といわれた好景気期間中に、〇七年まで、史上最高の利益率が毎年毎年更新され続けた。新自由主義は、この労資間の階級的格差を拡大するという意図を持って、例えば派遣労働の自由化を進め、ワーキングプアの増大をはかってきた。その結果として、各種の階層的な格差が生まれ、あたかも将棋倒しのように、格差・貧困の連鎖反応を呼び起こしてきた。この階級的格差と階層的格差の関連をおさえておくことが重要です。

今なぜこういうことを言うかというと、マスコミや論壇で取りあげられている格差論の大半は、階級的格差を横に置いて、もっぱら階層的格差を中心に取り上げているというバイアスをもっており、これが格差論の大きな弱点になっているからです。私は二〇〇七年に『格差社会の克服』（山吹書店）という本を書きました。その時にもかなり論争ふうに書いておいたのですが、当時よく読まれたさまざまな格差論は、九割以上が労資間の階級的格差というものを横に置いて、「勝ち組対負け組」といった格差論を主流にするものであった。これは、格差というのは新自由主義が呼び起こし増幅したものだ、という根源のところを隠蔽する役割を果たすという意味をもったわけです。だから私はかなり論争ふうに書いておいたのですが、今でもこの傾向は無くなっていません。ここをはっきりさせておかないといけない。これは、経済的破綻を克服するためには労資間の階級的格差を是正しなければダメなのだという次の問題と重なります。ともあれ、これが一点目です。

現代の貧困問題をとらえる際の留意点

もう一つ、格差と貧困問題のとらえ方にかかわって、これは日本に限りませんが、およそ人間の生活は二側面から成り立っていますから、その二側面で貧困を捉えておかなければいけない。

ちょっと抽象的な言い方になりますが、人類は道具を作り、これを使って自然との物質代謝関係に入る。つまり自然から必要なものを取り入れ活用し、不要になったものを自然に返す。これは永遠の営みで、ものを作ってそれを消費しながら生命を再生産していく。この分野が貧困になると何が起こるかというと、消費財を使うためには、それを市場社会では買わなければなりませんからお金の面、所得の面で貧困になってくると、たちまち人間と自然の物質代謝の側面における貧困、例えば食い物が貧しくなる、住まいが貧しくなる、衣服が貧しくなる、こういう貧しさというのが正面に出てくる。現在、まさにこの貧困が人々を襲っている。民主党は、これをある意味で重視する形で、現金面での貧しさ、格差を是正するために子ども手当を支給するとか、公立高校授業料無償化など、現金給付面でこれを多少是正しようとしている、農家に対する戸別所得補償制度もその一つです。

ところが人間にはもう一つの側面があって、最近議論されている子どもの貧困の場合によくあらわれている。たとえば、人間は赤ん坊が育つ過程で何を提供しているかというと、最初に必要なのはおっぱい、ミルクが必要、これは言うまでもない。赤ちゃんが物質代謝を通して生きていくために必要な母乳です。ところが、人間は豚や犬や猫と違って授乳をしなければいけないのです。つまりおっぱいを与えるという世話をしなければいけない。

このケアを原点にしたサービスが広がって、教育や福祉や医療になっているわけです。我々教育をやっている人間であるとか、芸術活動をやっている役者であるとか、教師や福祉士や介護士、そういう人たちの原点を探って言えば、赤ちゃんにミルクを与えるという、人間が人間に対してサービスを提供する原点に遡る。授乳というサービス行為がないと人間の生活は成り立たない。このサービス労働というのが、食料などのモノと並んで、もう一つ人間が生き抜くときに必要になる。人間はモノを使うのですが同時に、それに付随して各種の広い意味でのお世話、サービスというものを受けながら生活しているわけです。ですから子どもの貧困という場合には、保育サービスとか教育サービスとか医療サービスの貧困も考えていかないと、現在の子どもの貧困は全体が見えない。家庭が貧しくなって食い物が貧しくなるとか、ホームレスになってしまうということだけではない。

この点を見ていかないと、保育や教育や福祉の充実ということにはならない。これを民主党はあまり考えない。お金でもって物の不足はカバーしようという政策は以前に比べるとあるのですが、今はそういうことばかりではないということを見ていかなければいけない。

私、今日午前中に、べつのところで、子どもの保育・教育を巡る話をしてきました。そのときに紹介したのですが、一昨年の兵庫県での教研集会で、五年生担任の教師から食生活のアンケート調査を見せてもらったことがあります。前の晩に何を食べたか、今日学校へ来る前に何を食べてきたかを一覧表にしたものです。栄養士さんがそれを見て、その尼崎の五年生四〇人近い子どもたちの四割は食生活失格、栄養のバランスからみて貧しくなっているという。重要な点は、食物がないということよりも、親の食べさせ方に問題がある。例えば夕食で、「一皿物」が増えている。カレーとかうどんとかラーメンとか焼き飯とか、ご飯があっておかずがあるというパターンではない。どんぶりとか一つの茶碗で済ませるというのが非常に多くなっている。朝もそうです。ジュースだけとかおにぎりだけとかバナナ一本とか。食物の貧しさもあるけど、食物を与える親の側の世話が落ちているわけです。健康への気配りや配慮が落ちている。この問題をつかまないと、今の子どもの貧困には正面から立ち向かえない。つまり子ども手当を与えてこれで食生活を豊かにといっても、親が子どもの食事にたいしてサービスの面で配慮が足りないとか、子どもの状態に合わせた食事の提供をしないという状況であれば、この貧困問題は解決しない。

連帯保証人を持たないネットカフェ難民

同じようなことがネットカフェ難民にもあるのです。年越し派遣村の村長をやった湯浅誠とそのグループが長年やってきた生活支援の活動の中で、あるときから異変が起きたというのです。

ネットカフェ難民が困っていることは、家賃が払えないということもあるけれど、もっと重要な問題がある。ネットカフェ難民のほとんどには、アパートに入るときに必要な連帯保証人がいない。連帯保証人になってくれるような家族的人間関係とか友人関係とか先輩後輩関係がないというのです。肉親を含めて人と人のつながり、誰かが援助するとか誰かが支えるというつながりがないから連帯保証人がいない。するとアパートに入れないから、最近では連帯保証会社というビジネスが入り込んでくる。ところが保証会社がとんでもない取り立て屋、追い立て屋になるのです。こういう悪循環が起こっている。連帯保証人が欠落してくるとホームレスになる。だからお金の問題だけではないのです。

そこで湯浅誠の「もやい」グループは、ある時点から、連帯保証人を引き受けることにした。これでものすごくたくさんの若者が相談活動にやってくるようになったというのです。一般には、連帯保証人の名義を貸すなどということは、やばいことになる可能性があるから、普通はやらない、それをやったのです。これが口コミで広がって、ぞくぞくと相談に集まりだした。これがあることをきっかけにして生活相談が増え始めたという理由なのだという説明していましたが、私はなるほどと思いました。

人間関係、人が人を支えるサービスが同時に不足すると、お金がないということと合わせて、人々は従来とは違う貧困に陥れられる。人が人を世話する、保育・教育にあたる、介護する、そして相談したり支えたりするといったサービス面における貧困も合わせて解決していかないとダメだということです。

要するに、以上述べた二側面で今社会的破局といってよい問題が進行している。これにどう対応していくのかが一点目です。

戦後最大の恐慌からの脱出課題

二点目は経済的破綻という問題です。

格差といいますのは、単なる貧困ではありません。貧困というのは、格差社会の中では上層とか大企業に所得や富が集中するから底辺が貧困になるということで起こる問題です。ところが、格差というのは上下がひらくということ。単純に貧困な人たちが多くなるということではなく、上層・富裕層に富がたまる。その結果貧困層が広がってくる。こういう構造です。

上下の両極が今回の大不況を呼び起こす究極の原因になった。上層に溜まった富は何をしたかというと、アメリカの住宅・証券バブルをふくらませて、ついにこれを破裂させた。これがアメリカの金融恐慌の大雑把に言った構造です。日本は格差社会ですから上層に膨大な過剰資金が集まった。企業がまともな設備投資をやっても使い切れないほどの膨大な過剰資金、これが円キャリートレードの名の資金循環のなかで、アメリカに流れ、その住宅・証券バブルを支えた。これは格差社会化が進行したから起こったことです。これが一つ。

もう一つ。貧困化が進むと、国内では国民的購買力が伸びないために、内需は不足のまま、国内の市場は冷え込んだまま、という事態が進む。これは、たとえば最近のデパート業界の再編成を見てもあきらかです。デパートは銀座の西武が閉店、京都の河原町阪急も閉鎖に追い込まれたように、一三年間連続売上減、この

一、二年の売上の減少率は二桁台に達する。こういうことがなぜ起こったか。格差社会の下で国民的購買力が一貫して冷え込んだままだったからです。つまり、リーマン・ショック以前から、日本にはもともと国内には不況要因があった。

そこで、まず、バブルでふくらんだアメリカの消費が崩れてしまったので、日本の輸出が急速に落ちた。昨年の今頃には、三割がた日本経済は縮小しました。輸出は半減、これに基づいて「七割経済」に突入する。現在は「八割経済」ですが、そこまで急速に落ち込んで派遣切りが進行して、結果として国民的購買力と消費はますます冷え込む。現在、年明けから春先にかけて輸出は中国向けその他で回復していますが、内需は冷え込んだままなので、景気の本格的回復のきざしは期待されません。国内の賃金が落ち込んで消費が冷えていますから、もう一回経済が落ちて二番底になるのではないか。こういう懸念が払拭できないのは、まさに格差社会化が典型的な資本主義的過剰生産恐慌を呼び起こしたということを物語っています。

新自由主義は格差社会を作り出し、その格差社会を土台にして今回の不況を招いた、こういう構造になっている。

格差社会化の一例を紹介しておきます。昨年一一月に全労連が二〇周年の記念シンポジウムをやったときに、経済同友会終身幹事の品川正治さんが話された内容の一端です。品川さんは日本の大手損保会社の経営者でしたから、一九八〇年代に支社長として長くアメリカに滞在していた。今回のバブルで崩壊した世界最大の保険会社ＡＩＧの経営者と親しかったのだそうです。ＡＩＧの社長の家に晩飯をよばれに出かけたことがあった。それが、日本の人たちには想像もつかないほどの大豪邸だったというのです。なんと、その屋敷内にはリフト付きスキー場がある。ゴルフ場があるというのは当たり前。アメリカの格差社会はそんなものですという話でした。その一方で四〇〇万人前後のホームレスが依然としているわけです。こういう格差社会の構造が大不況の原因になった。

これをどう解決していくか、経済的破綻からどう脱出していくのかが第二の難問です。

財政危機の打開

第三番目は、不況の影響もあって、国・自治体の財政危機がますます深刻になるという問題です。来年度予算はそれを端的に物語っていて、終戦直後以来のことだと思いますが、国債の発行額が税収を上回る。国債が四四・三兆円、税収が三七・四兆円、差し引き七兆円も借金が多い。こういう財政危機は、不況で税収が落ち込んでいますから、ここしばらくは続かざるを得ない。

この財政危機を放置しておくことは誰が考えても許されることではありません。一、二年はともあれ、このまま放置しておけば、教育政策であろうと、農業政策であろうと、社会保障政策であろうと、大変なピンチに陥るということは、誰もが予想がつきます。

先だって、市民の学習会で中年のご婦人から質問があって、「先生、これだけの財政危機だったら、この際軍事費に手を付けて、ゼロに近いくらい削らなければいけないのではないですか」とおっしゃる。それはその通りなのですが、軍事費をゼロにしても五兆円です。四四兆円も借金しなければならない中で、これはもう増税・増収策を避けることはできない。

小さな政府、小さな財政などといっている場合ではないのです。覚悟を決めなければいけないのですが、誰も猫の首に鈴を付けるようなことはしたくない。しかし、増税策に踏み込まないと、財政危機はますます深刻化して、社会保障や教育費や自治体財政の充実といっても無い袖は振れないということになる。

4　三大難問の打開策としての垂直的所得再分配

垂直的所得再分配の再構築

こういう難問をどう解決していくのか。つまり、社会的破局にどう立ち向かうのか、経済的破綻からどう脱出するのか、財政危機をいかに緩和していくのか、この三つの難問は、新自由主義であろうと誰であろうと、日本の社会全体が直面している問題です。そこで、新自由主義路線で行くのか新自由主義路線と縁を切っていくのか、これが問われてくることになるわけです。

ところが、目もくらむような難問が前に立ちふさがっているときには、あまりにも課題が大きすぎるものですから、お手上げ、もうどうにもならないという思考に陥ってしまいがちです。こういうときは、その昔、学生運動で使われた言葉でいうと、「一点突破全面展開」という視点が必要になる。まず一点の突破口を見つけ出す。この視点で税制や行政や社会制度を洗いざらい見直していく。

一点の突破口とは何か、キーワードで申し上げますと、それは「垂直的所得再分配の再構築」になると思います。この基本視点を全制度に貫くということがポイントです。これを堅持するかどうかが、日本の将来を左右する転換点になると考えています。垂直的所得再分配というのは、まず上層あるいは大企業から所得を吸い上げて垂直的、つまり縦型で、上の資金を下に回す。縦型で所得の再分配をはかる。税制と社会保障制度、また自治体財政をフルに活用して、あくまでも縦型で所得再分配をやっていく仕組みをつくりだす、数々の社会制度を作り直していく、これがポイントであると思います。

社会的格差を是正するためには、上から下に金を回さないとどうしようもないというのはあきらかです。日本には過剰資金があるわけですから、過剰資金を吸い上げて国民の購買力の側に回す。それによって内需の回復をはかる。

格差を放置しておくと巨大企業や富裕層に金は溜まるが、貧困層には金は回ってこない。そこで、消費購買力は依然として低迷したまま、というのが現状です。これを是正しようと思ったら国内の需要を拡充するために、できるだけ底辺層に多く所得を再分配する。財政危機の打開はどこかから税収を上げてこなければいけないわけですから、金のあるところから吸い上げるというのがもっとも肝心です。応益負担ではなくて応能負担原則を貫いて能力のあるものから資金を吸い上げる。これが大原則です。これをはずしたら財政危機は打開できない。

ある意味では簡単なことですが、総体としてはこの三つの難問を三位一体的に同時に解決するための突破口は、したがって垂直的所得再分配となる。ここにねらいを定めて将来を考えていく。新自由主義と対抗し、その克服に向かう時の出発点になると思います。

所得分配・再分配面での政策的転換

その理由を次に説明したいと思います。垂直的所得再分配の視点から、現在の民主党政権はどういう評価を下すことができるのか。

まず一番目に評価できるのは、鳩山政権は二つの面で、旧来の小泉構造改革とは別れを告げようとしている。一つは所得再分配の前の第一次所得分配です。派遣労働の規制がこれにあたりますが、これは格差不公平を微修正するものです。もちろん、根本的に労使の取り分の転換を図ろうとしているわけではない。日雇い派遣は禁止、製造業派遣も原則上禁止とする。ただ、当面常用型派遣だけは認めるという腰砕けの面を持っているのが、今度国会に出る派遣労働の改正案です。だから、かなり妥協的部分は持っていますが、派遣労働野放し、低賃金労働野放しの状況を多少とも取り締まる、そういう意味で微修正の意味を持っている。最低賃金を、当面時間給で、全国平均八〇〇円の大台にする。一〇〇〇円の大台に三年くらいかけて乗せるというのも、第一次所得分配面での改善として評価できる。全体として、労使間の分配関係を、賃金の上昇を通じて多少修正する。介護労働者については月額賃金四万円の改善。これは介護労働にとって画期的な提言で、今、介護関係の労働者は、この月額四万円の賃金改善案をやらせるために運動を続けています。これが実現すると福祉関係の労働者の賃金が全体として改善される方向に向かいます。

第一次所得分配の若干修正は労働運動の力を抜きには根本的には転換されないことですから、労使の力関係が試されることになります。日本は残念なことに、労働運動の、もっと賃金を上げろという力が肝心なところで弱い。民主党も連合を後押しして、春闘を前に低賃金の改善策を打ち出す時期なのですが、財界寄りですから、そういうことを言わない。労使間の力関係の弱さを反映して第一所得分配は微修正に止まる。しかし旧来の政権よりは多少とも改善という方向に向かっている面は評価できる。これが一つ。

もう一つの特徴点は、所得再分配そのものは強化するという方向に向かっている。所得再分配そのものを縮小するというのが小さな政府です。つまり税金を巻き上げておいてもう一回再分配する、その全体の構造を、減税であるとか社会保障の縮小などを通じて縮めてしまおうというのが新自由主義の小さな政府です。

所得分配は市場規律にまかせるのであって、わざわざ政治が介入して市場とは別の判断で再分配することは根本的にやらない。これが、新自由主義の考え方です。小泉政権をみればわかるように、これまでは小さな政府とか市場原理主義とか民間の活力とかで、この新自由主義路線が採用されてきた。だから、従来は所得再分配機能そのものを弱体化するという路線だった。

ところが現在、子ども手当の創設とか、農家戸別所得保障制度とか、将来に予定されている最低保障年金七万円化の実現、また公立高校の授業料の無償化、これらはあきらかに所得再分配の機能そのものはやはり強化しなければいけない、という転換が生まれている。コンクリートから人間尊重へというのは、所得再分配をコンクリートの側に重点をおいてやるよりは人間の暮らしに即して所得再分配をやるということですので、土建国家からむしろ福祉国家の方向に向けて所得再分配の構造を再編成するということを物語る。そこで、民主党政権がこれを弱体化するのではなくてある程度強化しなければならないというスタンスになっている以上は、脱新自由主義の側面を持ち合わせているといってよい。

民主党政権による垂直的所得再分配の回避

この二つは評価できる点なのですが、ただし、どこから金を取ってきて再分配を強化するのかという問題が重要になってきます。このときに、再分配というのは垂直型と水平型の二つしかない。上から取ってきて下に流すのか、右から左にまわすのか、どちらか。民主党はこのうち後者の水平型を思考しているわけです。すなわち、上に集まった金を吸い上げて下にまわすというやり方ではなくて、国民相互の水平的再分配を志向している。せいぜい中間的所得層から低所得層に資金を再分配する程度で、国民内部の総痛み分け路線のうえにたつ。国民内部で、右の階層が左の階層にお金を融通する、次には、左の階層が右の階層に融通する、といった水平的所得再分配を志向している。再分配そのものの強化をねらっているという点では評価できるわけですが、この構造が垂直型になっていないというのが現在の民主党の最大の特徴であり弱点です。

だから財政危機は深まる。水平型で行こうとすれば、国民に対して社会保険料を引き上げるとか大増税をやらざるを得ない。水平型は、豊かな人間に偏ってではなく、国民全体にまんべんなく金を取り上げてまんべんなくばらまくということです。これに踏み切ろうとすると大増税になりますから、これは今のところ言いにくい、言ってしまうと、参院選を前にして、民主党支持が崩れてしまう。だから言わないでいる。再分配機能の強化には向かっているが、垂直型に向かおうとはしない。

水平型に向かう以上、そこでは新自由主義の生き残り、民主党の下半身の部分が出てくる可能性がある。彼らは水平型志向です。所得再分配の機能強化というのは上半身の部分ですが、垂直型でないという点で、民主党には全体として下半身部分に根強く新自由主義が残存している。ただしこれは今のところ前面には出ていない。参議院選挙が終わってから、水平型の所得再分配路線が具体的に進められる可能性が強い。そうすると、民主党政権の元で一旦は見直しを迫られた新自由主義が息を吹き返すということになる。現在はその過渡的状況の下にあると思います。

5　民主党政権の水平的所得再分配策

消費税の社会保障目的税化と増税

では水平型の所得再分配はどういうものがあるか。民主党が打ち出しているのは明らかに二つです。これは主に歳入面ですが、社会保障勘定を創設して消費税を社会保障税に衣替えして、自民党が予定していた以上に消費税率を引き上げる。これはほぼ確定といって間違いありません。これを参議院選挙が終われば出すだろうと思います。先ほど述べた所得税の見直し、法人税の見直し、証券税制の見直し、現在の租税特別措置の見直し、こんなことよりもまず消費税の引き上げを将来に予定する。これは、大衆を含めて金を底辺層からもくまなく集めておいて、もう一回別の指針や制度で金をばらまく、ということになる。

このときにどこまでを消費税で面倒をみるのかというのは、まだ固まっていません。社会保障目的税化は、すでに麻生政権の時にも出てきたことですが、財界との意見調整を経てこういうことになったのです。もともと財界は消費税を社会保障目的税、あるいは年金目的税とすることには反対していた。なぜかというと、消費税を上げて、その税収分で法人税を減税してもらいたいという腹だった。虫のいいことを考えていたわけで、これが財界、経団連の主張です。基幹税としての消費税を引き上げるかわりに、現代のグローバルな時代には国際競争力のためには法人税を減税しなければいけない。これが彼らの主張であって、このときの消費税引き上げ論は目的税ではなくて、一般財源としての消費税を引き上げる、そうすれば法人税の減税にも使える。ところが、この主張でもって消費税を引き上げることは、まずいまの日本では、一〇〇％難しいでしょう。

そこで自民党も民主党も、政権交代が起こる前から社会保障勘定、一種の特別会計のようなものを作って、その社会保障勘定という特別勘定の下に全ての消費税を組み入れて社会保障とリンクする。そうすると消費税が社会保障目的税になる。国民みんなが高い消費税を払っても、その金は社会保障に使われる、だったら少々我慢してもやむを得ないと賛同するだろう、そこへ持っていくしか手がないだろうというのが現状の認識です。

社会保障勘定に移される社会保障・福祉

では、消費税でなんの面倒を見るのか。決まっているのは基礎年金。これは財界も認めています。それ以外に一応今のところ浮上しているのが、介護保険に対する国庫負担分です。それと、ちょっとややこしくなってきますが医療制度です。従来自民党は後期高齢者医療制度を社会保障勘定に入れて、後期高齢者医療制度に対する国の負担分を消費税から賄うことにしたらどうかというプランをもっていた。後期高齢者医療制度を民主党は三年半のうちに廃止するといっていますから、どこまでの医療を消費税にリンクするかはまだ未確定ですが、ある程度、医療も社会保障勘定で処置される。

もう一つは子ども手当、少子化対策。子ども手当二万六〇〇〇円をまず来年から出すとなると、これには五兆円以上のお金がかかる。これは消費税率のおよそ二%引き上げ分。だからこの子ども手当を社会保障勘定で賄うことにすれば、国民から消費税で分捕ってきておいてこれで子ども手当を支給するわけですから、財界も納得ということになる。ところが、子ども手当が社会保障勘定に入ってくると、こんどは、保育や幼稚園が絡んでくるわけです。

現在、幼稚園と保育園の統合、幼保一元化が問題になりつつありますが、二〇一一年度に保育制度も変えるプランになっています。同時に、その時には子ども家庭省という独立した省を作るという。省庁再編成です。厚生労働省から子ども手当や保育所の行政を引きとり、文部科学省から幼稚園、奨学金関係を引きとって、子ども家庭省に一元化して管理する。その時は保育制度も幼稚園も学童保育もかなり大幅に切り替えられる。一元化されて子ども手当が将来消費税とリンクされるようになってくると、保育や幼稚園行政が社会保障勘定と結びついて一元化されていく可能性が生まれるから、このときには児童福祉制度のイメージが変わってきます。しかも、これには次にとりあげる分権化の流れがからんでくる。これはかなり大幅な転換を呼び起こす可能性があります。

というわけで社会保障の勘定を作って消費税を引き上げて、ここにいろいろな分野の社会保障関係の予算を統合してやるときに、かなり日本の福祉の仕組みや社会保障の仕組みが変わってきます。これに医療問題が連動してくると、医療保険全部が変わるわけです。現在の民主党案では三年半後に後期高齢者医療制度を廃止するが、その時には共済、健保組合、協会けんぽ、国保などの現在の医療保険を地域保険に一本化するという構想になっている。つまり、現在の医療保険に代えて、都道府県を単位にした一つの医療保険の中に全国民を平等に組み入れ、一元化する方向が提示されています。

すると現在、医療保険は世帯単位で入っていますが、個人単位に改めなければならない。個人加入制にして個人単位で保険証は配られることになる。そうすると、企業の保険料拠出の義務はなくなる。企業は現在労使折半で保険料を払っているが、個人で入っている保険に対して企業が一人一人の従業員の半分の保険料を持つということは、個人加盟制の組合員相互の不公平をもたらす。だから一旦全部無くする。そうすると企業はこれでもって医療保険から解放されたと非常に喜ぶでしょう。これをねらうと思います。

まさに水平的な再分配の極限の形態が医療保険で起こるわけです。国の負担分はその時に消費税でやりますよとなりますと、これは新自由主義的な医療保険の再編成ということになります。こういった可能性を秘めて、消費税を何らかの形で社会保障に結びつけ、大幅に引き上げをはかって、水平的所得再分配を強化する。これが一つのやり方です。

民主党の地域主権国家構想と分権化路線

もう一つは、歳出の側の見直し、これはどうすればいいか。簡単にいいますと、今の教育だとか福祉だとか社会権に関わる領域です。二五条から始まって二六条、二七条、労働権や生存権や教育権など、市民権とは違う社会権に関わってくる領域の問題です。日本国憲法の下では社会権がある限りは、ナショナルミニマムというのが国民的課題としてあるわけです。だから保育も教育も一応最後は国庫負担金で権利を保障する、義務教育であれば国庫負担金があって、これが教師の人件費を支えているという構造です。

ところがナショナルミニマム保障を無くしてしまうと、全国的な法人税や所得税等の税収を通じた所得の再分配というものが崩れてくる。そうするためには、国家的な福祉責任とか教育責任を全部自治体に委ねる。これが分権化路線です。ナショナルミニマム崩しの方策として、いま、地域主権だの分権国家だのといった構想が浮上している。

今保育所の規制緩和を典型として各種の規制緩和が進行中なのはこのためです。自治体が自由にやることに国は口を挟まない、基準も設定しない。保育所の床面積をどうするか、これは自治体にまかせる。新聞報道によると、三歳児以上向けの保育所調理室は無くてもかまわないようにする、という案があがっています。学校給食と同じように外部から弁当を搬送するというやり方でもかまわない、自治体に任せる。こういう話が出てきています。

民主党は地域主権国家構想に基づいて、二〇一一年度から国庫負担金・補助金を一括交付金にする。つまりヒモの付かない交付金に切り替えて、いま国庫負担金・補助金は総額一八兆円ほどあるのですが、これを一括交付金にして、一二兆円のレベルに引き下げる。六兆円は削減する。これに向けて事業仕分けをするわけです。分権化によって六兆円くらいは削減できるというのが民主党のマニフェスト上の計算になっている。そうすると、教育も福祉も自治体が全部自分の責任と決定、自己負担に基づいてやっていかなければならなくなる。国は、自治体に権限もお任せなのでご自由にどうぞ、とほおかむりできるわけです。

ナショナルミニマム保障にかかわる国家責任を無くしてしまうと、教育運動から保育運動から医療運動から、霞ヶ関を相手にした様々な国民運動はほとんど意味がなくなる。こういう体制に持っていかれると、福祉国家は空洞化し、なし崩し的に小さな政府になる。もっとも、強い政府にはなるかもしれない。というのは、軍事的、権力的な機構だけは霞ヶ関に残るからです。こういう地域主権国家構想が、水平的再分配強化の第二策になるということです。

おわりに——憲法に立ち返る

なぜいまこの問題が重要になるかというと、この地域主権国家構想にたいして、従来の地方分権論や地方自治を進めるタイプの理論は、これに対抗できないからです。ほとんどの市民自治論とか地方自治論は、伝統的自治観にたっているために、たとえば、国の規制緩和だとか一括交付金化などには賛成となる。

新自由主義的分権化論というのは、ある意味で強い独立した市民が集まって協議し、地域のことは自分たちの財源と自分たちの力でもって全部かたをつけるという市民主義的自治の考え方と重なる。教育も福祉も国は文句を言うな、俺たちは自立してやっていくのだと、これが圧倒的市民自治論者の特徴ですから、かつての市民自治を唱えている人たちは新自由主義的分権化論のもとに容易に流されてしまう可能性がある。

この新自由主義的分権化に対抗しようとすると、もう一度、私たちは憲法とそのもとでの地方自治に立ち返る必要があります。垂直型所得再分配や必要充足・応能負担原則にたったナショナルミニマム保障というのは、憲法の原理原則から導き出されるものです。これが新自由主義を克服する時の基本的な視点になるのではないかというのが私の今日言いたかったポイントです。

いま求められる政治教育と学校のあり方

――シティズンシップ教育の観点から

小玉重夫

本日は、「いま求められる政治教育と学校のあり方――シティズンシップ教育の観点から」というタイトルで、話をさせていただきます。話の構成ですが、まず「シティズンシップ教育と政治教育」に関する大枠の話をしたうえで、法制審議会で答申のあった成年年齢の引き下げの問題を「成年年齢引き下げによる教育の再政治化」として取り上げ、それをうけて最後に、「政治的リテラシーを育むシティズンシップ教育の課題」を扱いたいと思います。

1 シティズンシップ教育と政治教育

シティズンシップの定義は、さしあたり、ある一つの政治体制を構成する構成員であること、としてとらえることができます。日本語では、市民性、あるいは学習指導要領などでは公民的資質、公民性とも呼ばれます。

欧米を中心として世界各国で一九九〇年代以降、シティズンシップ教育ということが注目されるようになってきている背景にあるのは何なのかというと、いくつかある中で一番重要なポイントだと私が考えているのは、市民という概念が国民という概念よりも、新しい社会の構成員を表す概念としては適切であるという問題意識が広がってきているという点です。つまり、国民というふうに言ってしまうと、そこにある種の境界線が設定されて、ナショナリズムと等置される可能性がある、もちろん、ナショナリズムも政治体を構成する構成員のある種のアイデンティティなので、シティズンシップとかなりの部分重なり合うのですが、しかし、それだけで尽きるのかという問いです。近年、国民国家というものが大きく相対化されつつあるグローバリゼーションの流れの中で、政治的意志決定のメカニズムそのものが国際社会単位の中で行われることもありますし、一つの国の中に様々な国籍、民族を異にする人たちが共生するようになってきていて、多様性が広がってきているという現状もあります。そうした状況のなかで、新しい社会の構成員をよりポジティブに指し示す概念としては、シティズンシップという概念で考えていくのがいいのではないかという関心が広がってきているということが、背景にあります。

もう一つは、一九九〇年代以降、ネオリベラリズムの台頭という形で一般にはいわれておりますが、福祉国家体制の構造転換の中で、官僚や中央集権的な国家体制というものの構造を組み替えて、中央集権的な官僚主導型の国家体制から、市民社会主導型の国家体制への統治構造の組み替えということが、各国共通の課題として浮上しているという点があります。

そうした背景をふまえて、アメリカ、イギリスなどでシティズンシップ教育に関し、実践的提言からなされているというところを次にお話ししたいと思います。

アメリカのミネソタ州ミネアポリスにあるミネソタ大学の「民主主義とシティズンシップのセンター」という研究所は、シティズンシップ教育に関する三つのモデルを提言しています（Hildreth,R., 1998, *Building Worlds, Transforming Lives, Making History: A Guide to Public Achievement*, second edition, Center for Democracy and Citizenship, Minneapolis）。

第一は、公民科アプローチ（Civics Approach）、これは社会科、つまり教科としてシティズンシップ教育を位置づけているアプローチです。これまで、学校教育でのシティズンシップ教育の主流としてずっとやられてきたものです。ここでは、知識のある投票者として市民をとらえます。教科書などで三権分立とか基本的人権の尊重、国民主権などをしっかり教えて、将来有権者になったときに政治的な判断をするのに必要なミニマムな知識を提供しようという考え方を取るのがこのプローチです。これはアメリカの社会科という教科の理念にあたる考え方であり、戦後改革で日本に入ってきた社会科の中核理念でもあり、今日の公民という教科の中核の理念でもあると思います。

第二は、共同体主義アプローチ（Communitarian Approach）、これは一九九〇年代以降に台頭した考え方です。市民をボランティアとして位置づけます。このアプローチでは、知識を教えるよりも実際に行動し活動していくことでしか市民性は育たないというところを強調します。サービスラーニングという考え方で、近所の人たちと助け合い活動をするとか、例えば環境問題でいうと地域の清掃活動に実際に自分が参加して、今地域社会がどうなっているかを肌身で知りながら、行動できるようになる、というような発想です。ちょうど、自動車の運転が、知識で知っていても実際にやってみないとできるようにならないのと同様に、市民も、市民として行動しないと市民にならないという考え方です。教科書の知識だけではなく、市民として実際に行動するということを強調するアプローチです。学校のカリキュラムでいうと、特別活動のなかの生徒会活動や学校行事、総合的な学習の時間、道徳の時間などがこれに近いイメージですね。たとえば品川区では、区内全域の小中学校で、特活、総合と道徳を合体させて市民科という教科を作り実践していますが、これなどは、共同体主義アプローチに比較的近い例ではないかと思います。

第三が、ミネソタ大学の民主主義とシティズンシップのセンターが提案しているアプローチで、パブリックワークという、政治的シティズンシップに対応するものです。上述の公民科アプローチと共同体主義アプローチのいいところを取り入れて、それぞれの欠点を補い合っていこうというような考え方ですので、前二者のアプローチを否定しているわけではなくて、それぞれのいいところを組み合わせて、悪いところを克服していこうという考え方です。共同体主義アプローチのいいところは公民科アプローチに欠落していた実際に社会に参加することによってしか市民性は育たないという点でした。そこを取り入れている。しかし他方で、共同体主義アプローチは問題もあるというふうに言っていて、たとえば、ボランティア教育に関して動員主義ともよく言われますが、人々をある一つの価値規範に動員していく危険性というか、そういう傾向が共同体主義アプローチにはあるのではないかということです。社会を批判的に見る、例えば八ッ場ダムの問題や普天間の移転など、価値対立がある論点について議論をし、自分が何らかの判断をして意志決定をしていく資質は、ボランティア活動に参加するだけでは育たないのではないか、その意味でいえば、もともと社会科の中で追求されてきた社会を批判的に見る、政治的に対立している様々な問題について議論し意志決定をし、判断していくという、ここにくい込まないと、民主主義社会を構成する市民にはならないのではないかという点です。

つまり、シティズンシップ教育の政治性を重視する観点から、従来の社会科、公民科の中で追求されてきた成熟した有権者を育てるという問題意識と、参加を重視する共同体主義アプローチとを融合しようとする点に、パブリックワークの特徴があるといえます。これは、シティズンシップ教育を学校教育の中に位置づける際の一つの参考になるのではないかと思います。

次にイギリスの場合ということで、イギリスのクリック・レポートを紹介したいと思います。これは一九九八年に英国政府がバーナード・クリックという、一昨年の一二月に亡くなられたイギリスを代表する政治学者に依頼し、彼が中心になってシティズンシップ教育に関する審議会の答申をまとめた報告書です。イギリスではこの報告書に基づいて、ナショナルカリキュラムの中にシティズンシップという教科をもうけて、シティズンシップ教育をいわば政策化して実践しています。

その中でも、先ほど私がお話ししたミネソタ大学のセンターと同様、シティズンシップの政治性に着目した議論がなされています。クリック・レポートによれば、シティズンシップを構成する要素は三つあるとされます。第一が社会的・道徳的責任、第二が共同体への参加、そして第三が政治的リテラシーだと（小玉重夫「バーナード・クリックとイギリスのシティズンシップ教育」『一八歳が政治を変える！～ユース・デモクラシーとポリティカル・リテラシーの構築～』特定非営利活動法人Rightsほか編、現代人文社、二〇〇八年一〇月所収）。

クリックによれば、動員主義に陥らないための鍵になるのは政治的リテラシーではないかといいます。つまり、政治的リテラシーを伴わないシティズンシップ教育は、国家にとって使い回しのきく市民を育成する手段になってしまう危険性がある、それならない方がいいというのです。そこで、政治的リテラシーを備えた市民を育成する必要があると。イギリスは立憲君主制ですから、ながらくイギリス国民は国王の臣民であるととらえられてきました。それが、一九九八年のクリック・レポートで初めて、イギリスでは臣民でない市民としての自立が達成されたと、クリックは考えているようです。

このクリック・レポートとミネソタ大学のセンターの考え方、いずれも、違いはあるのですが共通しているのは、シティズンシップ教育の中にある政治的側面を強調していくというところがポイントになっていると考えていまして、日本でシティズンシップ教育の問題を考える際も、ここの視点を抜きに考えることはできないと思います。

その意味でいえば、全国民主主義教育研究会が報告している（『民主主義教育21 Vol.4 政治参加と主権者教育』同時代社、二〇一〇年）一八歳選挙権導入の動きとリンクした政治教育の実践は、シティズンシップ教育を追求していく上での重要な鍵になる実践ではないかと思います。

それから、後でまたお話しますが、先日菅間正道先生（埼玉・自由の森学園）にも来ていただいてシンポジウムをやったのですが、お茶の水女子大学附属小学校がいま文科省の研究開発学校になって、公共性を育むシティズンシップ教育の研究をやっております。お茶大附属小学校は品川区とはやや異なり、「社会科」を「市民」に名称変更してシティズンシップ教育を研究し、それを全教科に及ぼしていくという形を軸の一つにしてやっていますので、小学校ではありますが、政治的視点を取り入れたシティズンシップ教育の実践が行われています。

司法制度改革の中で裁判員制度に関連して、模擬投票だけでなく模擬裁判が出てきていますが、それも捉えようによっては政治的シティズンシップを育む教育の実践例になるのかなと思います。

2　成年年齢引き下げによる教育の再政治化

ここからは日本の問題に引きつけながら考えていきたいと思います。全国民主主義教育研究会の中間研究集会のテーマも「若者の政治意識と教育・学校」ですが、若者が政治に参加していくことが、なぜ今日的に重要なのかという問題との関わりで、特に後期中等教育である高等学校でシティズンシップ教育や、政治教育にどういう固有の意味があるのかということが問題になります。そこに成年年齢問題というのが一つの大きなイシューになってきています。

『教職研修』（教育開発研究所）という雑誌があります。その新年号で、第一特集が「新政権下で教育はどう変わるのか」となっています。民主党政権のマニフェストの分析と新政権に期待することということで、鈴木寛文部科学副大臣を呼んだりしています。私は教育時事ワイド解説というところで「成年年齢引き下げの論点と学校教育への影響」という論文を書かせていただきました。

日本国憲法改正手続きに関する国民投票法が二〇〇七年五月に成立しました。同法の附則で国民投票法が施行されるのが今年の五月になっています。それまでに一八歳以上の者が国政選挙に参加することができるために、公職選挙法やその関係法、成年年齢を定める民法等について検討を加えて必要な法制上の措置を講じて下さいという流れでした。

それを受けて民法の成年年齢をどう考えるかを法制審議会がここ一、二年議論してきて、その結果が昨年の一〇月に千葉景子法務大臣に答申されました。その結論は民法の成年年齢を現行の二〇歳から一八歳に引き下げるのが適当だというものです。それを受けて五月までに公職選挙法と民法を変えるということがおそらく今年の国会の重要なテーマになっていくと思います。

成年年齢引き下げが持っている意義について考えていくときに、そのポイントになるのは一八歳を成年の一つのボーダーとしてとらえる点にあると思います。すると、高等学校の卒業年齢と成年年齢が一致するわけです。今までは二〇歳だったので、あまりそのあたりは意識されていなかったと思いますが、大人としての市民にしていくという課題は、成年年齢が二〇歳である今よりも、もし成年年齢が引き下がった場合は、より教育上の課題として浮上していくのではないかと思います。それが良いか悪いかの問題については諸説あるのですが、私は積極的に引き受ける必要があるのではないかと思っています。

それは何故かといいますと、これまでの日本の教育構造というのは、家族・学校・企業のトライアングルの中で国民包摂が行われてきましたので、必ずしも学校が自立した市民を世の中に送り出すということを自覚的に引き受けなくても、学校が企業と直接つながっていて、企業に就職して社会人になれば自然に一人前になっていく、学校というのはあくまでも一つの通過点で準備教育の場である、大学受験や就職など、人々を社会に送り出す準備教育を学校がやればいい、市民を作り社会に送り出すことを学校が引き受けるというのは、必ずしも公教育の課題として自覚化されていなかったのです。

例えば労働とかキャリア教育、あるいは政治教育、そういうことは今でこそいろいろな人たちが声を大にして、学校ではそういうことも全面的に引き受けなければいけないと言うようになってきています。しかし従来の学校教育は、労働や政治など、実社会で行われている様々な問題を、むしろあまり持ち込まないという前提でカリキュラムが作られていました。将来その人が社会へ出たときどういう存在になっていくかという前提をカッコに入れて教育していく、逆にいうと、生徒が将来どういう職業人になるかとか、どういう市民になるかということを前提としてしまうと、色眼鏡で子どもたちを見てしまうので、なるべくそうしないで高校にいる間はあくまで高校生として見なければいけない。そういう前提で教育や生活指導が行われてきました。

それは何故かというと、家族・学校・企業のトライアングル――同様のことを本田由紀さんは「戦後日本型循環モデル」（本田由紀「毀れた循環――戦後日本型モデルへの弔辞」ＮＨＫブックス別巻『思想地図vol.2 特集ジェネレーション』東浩紀・北田暁大編、二〇〇八年）という言い方でいっていますが――これによって国民包摂がうまくいっていたので、必ずしも学校が社会に自立した職業人や市民を送り出すという課題を引き受けなくてもよかったわけです。ところが九〇年代からゼロ年代を通じてその構造が大きく変わってきていますので、むしろ学校こそが労働や政治というものを正面から引き受けなければいけないという課題がおりてきています。

そういう中で、成年年齢引き下げがイシューになってきている。ですから成年年齢引き下げを一つのテコにして従来の学校がタブー視してきた労働・政治を教育の場に持ち込む一つの駆動力になりうる側面が期待できるのではないかという感じを持っていて、個人的にはそんなに消極的に考えなくてもいいのではないかと思っています。

ただ、国民世論は引き下げに否定的な意見があると言われています。二〇〇八年七月に内閣府が成年年齢引き下げの世論調査をやっていますが、例えば親の同意を得なくても契約できる年齢を一八歳に引き下げることには反対が七九％あります。もうひとつ、親権が及ばない年齢を一八歳までとすることについても、反対六九％とでています。総じて、民法の成年年齢引き下げに関しては反対意見が多いという結果が出ています。

他方で、朝日新聞や読売新聞が、少年法（これも現在少年年齢は二〇歳未満）に関して調査しています。これについては八割前後の人が一八歳未満に引き下げることに賛成しています。ですから、成年年齢問題を一八歳に引き下げることの是非に関しては、民法の引き下げは反対だが、少年法の引き下げには賛成しているという、そういう国民世論の矛盾した動向があるということを、注意しておいた方がいいと思います。

その背景には、一つには、権利はあげたくないけれど責任は取らせたいという、そういう一般の人たちの若者に対するものの見方があるのではないかと考えられます。そこをさらにつっこんで見てみると、若者敵視とまではいかないものの、ある種の若者恐怖感、ユースフォビアのようなものも、あるのかなと思います。若者を危険視する傾向、そういう動向について、青年期教育に携わる関係者が世論の動向に対して、一定の批判的なスタンスを含めて関わっていくのが重要だと思っています。

法制審議会の結論が昨年（二〇〇九年）の一〇月に出ましたが、それに加えて、昨年は政権交代もありました。民主党はマニフェストの土台になった「政策インデックス二〇〇九」の中で、民法の成年年齢と少年法の成年年齢をともに一八歳に引き下げて、関係法も全部一八歳に引き下げることを謳っていますので、紆余曲折はあると思いますが、公選法や民法などで成年年齢が引き下げられる可能性は低くないと思います。

そのことを前提にして学校教育にどういう影響を及ぼすかということを考えますと、親権が及ばない年齢が二年間増える、これは逆にいいますと若者に対する社会政策を手厚くするチャンスでもあるわけです。親の保護の元を離れるということなので、この機を捉えて若者の社会的な自立を促すシステムを学校教育の中に構築していく、労働とか政治というこれまで学校教育がタブー視してきたものを、学校教育の中に取り入れるということにアクセルがかかるということになります。

もう一つは飲酒・喫煙の問題です。未成年者飲酒禁止法、未成年者喫煙禁止法というのがあって、これが禁止年齢を二〇歳未満と定めています。民法の成年年齢が引き下げられたからといって、必然的に飲酒禁止法と喫煙禁止法も引き下げられるわけではなくて、こちらはこちらで関係部局との議論の中で進められることになりますので、一つの可能性としては、成年年齢は一八歳になったが、飲酒・喫煙については従来どおりの二〇歳を維持するという結論になる可能性もあります。

ただし、親権の及ぶ範囲というのは、もしそうなったとしても二〇歳から一八歳になります。親権の及ぶ範囲は縮減されるので、一九歳で飲酒・喫煙をした場合、それを停止しなかった親なり教師がいたときに、従来であれば民法の成年年齢と飲酒・喫煙禁止年齢が同じだったので未成年者が喫煙したときの罰則を保護者に科すということができましたが、もし、仮にずれてしまった場合、民法の方は引き下げられて飲酒・喫煙禁止法が従来のままになった場合、一八歳、一九歳の段階で売った人を処罰することはできると思うのですが、保護者の処罰はできなくなりますから、すでに成人で親権が及んでいないということで、本人の責任だということになります。これまでとは扱いがかなり違ってくる。したがって、教育現場において飲酒・喫煙の取り扱いを大人の市民に対する教育と同じように扱っていくということが、従来以上に増大していくということがあり得ます。

そういうふうに考えていくと、後期中等教育というのが今までのような準備教育的な意味合いではなく、自立した市民を世の中に送り出すという、完成教育的な意味合いに変わってこざるをえないように思います。後期中等教育は職業や大学への準備教育であるだけでなく、それ自体が一つの完成教育であって、自立した市民をとりあえず、不完全ながらも完成させて世の中に送り出す。そういう色彩が強まってくるのではないかと思います。

一つの例として、私立和光高校が三年生の必修科目として「一八歳からの人生を考える」という時間を設けて、総合学習の観点で位置づけていますが、そういう実践例も参考にしながら完成教育について考えていきたいと思います。バーナード・クリックなども市民教育は完成教育だとかなり強調しています。そういう視点でのシティズンシップ教育の重要性というのは増大していくし、シティズンシップ教育の必要性にアクセルをかけるような方向性が強まっていくのではないでしょうか。

3　政治的リテラシーを育むシティズンシップ教育の課題

日本のシティズンシップ教育の中で、政治的リテラシーにシティズンシップ教育の課題を焦点化するということがどういう現実的意味があるか。当然のことながら教育基本法の一四条に条文上の根拠が存在し、政治的教養は、教育上尊重されなければならないという点があります。

それから外在的な要因があります。国民投票法の制定、政治教育への客観的な要請の高まり、神奈川県などの自治体やRihgtsなどのNPO法人が政治教育の推進を掲げ始めているということ、政権交代が実現し教育政策も大きく変化しているということ、司法制度改革による裁判員制度の導入等々が挙げられます。特に二〇〇九年、ゼロ年代の最後の年は、日本の戦後史の中でもターニングポイントの年として、後世の人からみて重要な年になるのではないかという気がします。政権交代がなされ、司法制度改革の一環で裁判員制度がはじまりました。

特に、裁判員制度の導入について、少しコメントをさせていただきたいと思います。昨年の一二月に法教育の研究会で話をしたもので、それと今日の話がだぶる部分もあります。裁判員制度が導入されることは司法に市民が参加するということです。ある意味で、アマチュアリズムです。今まで裁判の意志決定は基本的に法曹三者といわれる、裁判官と検事と弁護士で行われていて、その三者は、司法試験という同じ試験を通って司法修習を受けた、同じ専門職性を有する同業者です。この人たちで裁判制度を回していた。そこへ、法曹三者とは縁もゆかりもない市民が参加して司法の意志決定に関わるということなので、根本的に司法というものの意味合いを変えるだけの大きなものだと私は考えます。これが、アマチュアリズムの導入です。

だからこそ、そうしたアマチュアリズムの弊害については厳しい批判もあります。他方で、政治学者の佐々木毅さんは「シビック・エデュケーションの一つのテコとして考え、位置づける」(佐々木毅「政治教育と法教育について」大村敦志・土井真一編『法教育のめざすもの』商事法務、二〇〇九年)と書いていますが、私も、シティズンシップ教育における政治的リテラシーの側面を考えるときに、裁判員制度の導入の意味は非常に大きいと思います。極論すると、古代ギリシャの時代の裁判のような司法のイメージがかなりもどっている。

良いか悪いかは別にして司法制度改革にしても国民投票法にしても、世の中の動きは、市民が法の制定や運用の意志決定に直接参加するようなルートを拡大していく方向に動いています。それは、一面においては、動員主義になる危険性があります。動員主義とはバーナード・クリックが危惧している使い捨ての市民、使い回しのきく市民をたくさん作り出すことです。従来、官僚や法曹三者が専門的な知見で意志決定を独占していた領域に対して、一般市民の参加を導入し、ある程度の責任を分有させることで、逆に専門家の責任の負担を軽減させ、政治的な正当性は少し高まるかもしれません。しかし、市民によって適切な政治的・司法的判断が行われるかどうかは分からないという問題もあります。これは、両刃の剣になります。

だから、あまりシティズンシップ教育に走りすぎないで、専門職性を守らなければいけない、法曹三者の自立性、あるいは官僚機構の自立性を擁護しなければいけないという考え方もあり得るわけです。そこは議論のあるところだと思いますが、社会の構造が大きく変わっていく中で市民社会の自立性が高まってきていますので、民主主義社会を成熟させていく方向性で考える場合には、市民のイニシアティブが今まで以上に高まってきていることを、私はあまり否定的に評価する必要性はないと思っています。前述した佐々木さんも述べるように、アマチュアリズムの導入にあまりブレーキをかける教育ではなく、テコとして考えていくということです。

その際に、アマチュアリズムという問題が、政治や市民を考える際の一つのポイントなのだということがしだいに見えてきます。この点と関わって、私は最近、「無能性」ということを言ったり書いたりしています。アマチュアは無能である人たちだ、と。学校教育はメリトクラシー（能力主義）に否応なく組み込まれます。つまり、有能な人たちを育てるということですね。私たちは出来る人を伸ばすということを考えてきたと思うのです。だから点数を上げるとか、いい学校へ上げるとか、進学率を上げるとか、進学実績を上げるということを考えなくてはいけなかった。

しかしそれはあくまでも教育のひとつの側面であって、公教育である以上は、みんながすべての分野で有能になるわけではない。逆にいうと、ある領域で有能だからといって他の領域で有能であるとはかぎらない。アマチュアというのは無能な人たちである、だから裁判員制度で市民が司法に参加するというのは、法曹三者が司法において有能な人たちであるのに対して、そこに司法における無能な人たちが入ってくるということです。成熟した無能者をどう育てるかという観点で考えることが必要だと思っています。田崎英明さんの本に触発されて（『無能な者たちの共同体』未来社、二〇〇七年）、私がそれを少し分かりやすくパラフレーズして、全ての者が有能なプロでありつつ無能な市民でもあるような社会が成熟した民主主義社会だと位置づけたいと思っております（小玉重夫『学力幻想』ちくま新書、近刊）。

これは、本田由紀さんとの間で議論になりかけていたことでもあります（本田由紀『教育の職業的意義』ちくま新書、二〇〇九年）。すでに述べたように、労働と政治とはこれまでの学校の中でタブー視されてきました。本田さんがいうように、「戦後日本型循環モデル」が崩壊して、その際、後期中等教育の現場に二つの課題が課されることになりました。一つは有能なプロを育てるということを今まで以上に引き受けなければいけないということです。有能なプロを育てる教育をするためには、本田さんが言う職業的なレリバンスを高校のカリキュラムにもっと導入すべきであるということがあると思います。そのなかには、就職対策と共に、進学対策、受験対策も入ってくるでしょう。私は、それらを大いにやった方がいいと思っています。が、と同時に無能な市民を完成させて世の中に送り出すということ、そこには政治的リテラシーも含まれますが、そのことをもう一つの課題としなければいけない。この二つの課題は、戦後型平等主義がタブー視してきたメダルの表と裏のような関係になっていて、両方をこそ、引き受けなければいけない課題だと思っています。だから、本田さんとの議論は生産的、プロダクティブなものになり得ると思っているのです。

シティズンシップ教育というのは基本的にアマチュアリズムの教育なのです。無能な市民というと語弊がありますが、「有能な」無能者というか（笑い）、成熟した無能な市民、そういう人を育てるというところを重視したいと考えているのです。専門家の教育は司法試験に受かるとかプロ野球にスカウトされるとかいろいろあると思いますが、特定の専門家の独占に閉ざされていて限りがあり、枠があってそれに入り込まなければいけないので、競争もあり、訓練もあり、習熟が要請されます。市民教育は、それとはちょっと違う。競争ではなくて批評と論争に開かれた教育です。そこでは、知識の批評化とかカリキュラムの市民化ということが求められるのではないかと思っています。

知識の批評化とは具体的にどういうことをやることなのか。到達すべき目標ではなくて批評の対象として位置づける。専門家を育てるのであればそれが目標ですからそれに向かって一生懸命がんばらなければいけない、受験に受かるとか大会に出て勝ち進むとか、目標があるわけです。市民教育という観点でいうと、それだけではなくて批評の対象でもあり、知の批評化といっていますが、たとえば、教科書や地図帳に載っている地名や地形は覚えなければいけないものと考えられています。たしかに中学受験とか高校受験では、ちゃんと覚えなくてはいけない。が、それだけではなくて、小学校の例になって恐縮ですが、お茶大附属小学校の場合、論争（対立や葛藤）の文脈に位置づけて「沖縄に会社をつくろう」というようなプロジェクトをたてて、みんなでどういう会社をつくるかを発表し合う。プレゼンをして、そういうことをやる際に、地名や地形を使っていくというやり方があります。近年の新しい学習指導要領で活用主義とかOECDのPISAなどとも、部分的には共鳴する部分があるのではと思います。

従来のモデルは、専門家がいてアカデミズムがあってその代理人として学校の先生がいるという構図です。宗像誠也という教育学者が教師は真理のエイジェント、代理人だという言い方をしています。教師の背後には教科書を執筆するような大学の先生とか専門家といわれる人がいる。それに対して市民や素人の背後には様々な政治的・社会的文脈があるのですが、それはとりあえずカッコの中に入れてあまり前面に出さないで、あくまでも学校の先生は真理の代理者として生徒の前に現れて教育を行う。生徒はそれを受け取る。こういう関係が従来の学校教育の構造を規定していたと思うのです。

それに対して、市民教育のモデルでいきますと、専門家集団と市民が同等な関係になる。そして学校の先生がそれを橋渡しするような存在になる。政治的・社会的な文脈が三者を覆いながら存在していますので、それをカッコに入れることなく、正面から引き受けて学校の先生は専門家集団と市民を橋渡しする。その場合橋渡しをするためには学校の先生は専門家集団と市民の両者と、相互に対等な関係を持たなくてはいけない。対等な関係を持つ中で、アカデミズムと市民の関係をより実質的なものにしていく。そこに専門性の批評空間というものが開かれていく。ここに、学校の教師が果たしうる新しい役割を見いだすことが出来るのではないでしょうか。

その上で、その先で課題となるのが、討論の質を深めるということです。公共性とは、異質なものを排除しない多様性、複数性がその条件をなしております。その際に、異質性を排除しないということ、排除しないことを通じて様々な社会的な問題を開かれた形で批評空間に載せていくということ、これらが追求される必要性があると思います。

ただ、異質性を排除しないといっても、それをめぐっては、政治哲学でリベラリズムとラディカルデモクラシーの間の論争があります。異質なものが顕在化するためには論争や批判をやらなければいけない。それがなければマジョリティの意見が通ってしまうので論争や批判が重要です。しかし、論争や批判をやりすぎると攻撃的になって論敵が排除されてしまうというジレンマがあります。ですから寛容を重視する立場からいうと、あまり論争や批判をやりすぎないで、違う意見は違う意見として認め合うやさしさというか、それが重要なのではないかと言われます。ただ、それに気をつけすぎると授業の中で論争が生まれないし、みんなが気を遣って手を挙げないとか、やはりここにもジレンマがある、公共性のジレンマといってもいいかと思います。

寛容や共感によっていろいろな人が共存し合うということと、ラディカルデモクラシーがいっている論争し批判し合うということの二つをどう両立させるか、つまり民主主義の質、討論をどう考えるかということ。裁判員制度の問題でも事業仕分けの問題でも、論争や批判をしていくという観点から公共性を活性化するということが重要であると同時に、それが他者に対する存在そのものの否定とか攻撃になってしまっていいのか、追求や糾弾になってしまっていいのかという問題があります。こういうジレンマ的な状況の中に今の日本の社会もおかれているのではないかと思います。

裁判員制度の問題を考える際によく比較される二つの映画があります。ヘンリー・フォンダが主演した「一二人の怒れる男」という一九五七年のアメリカ映画と、「一二人の優しい日本人」という一九九一年の日本映画です。後者は三谷幸喜さんが九一年に書いた脚本で、前者のリメイクであると同時にパロディです。「一二人の怒れる男」はアメリカの陪審員制度のポジティブな部分を自画自賛した映画で、ヘンリー・フォンダが最初一人無罪を主張し、あとの一一人全員が有罪であったのを、積極的な論理で最終的にはヘンリー・フォンダの意見でまとまるという映画です。どちらかというと論争や批判を中心において、裁判は正義が勝つという映画です。アメリカ民主主義の肯定であると同時に陪審員制度が正義というものによって支えられているというようなところを描いたアメリカ映画です。

それをパロディとして作ったのが九一年の日本映画で、陪審員制度を日本で導入するとどうなるのかという設定で描いていて、そんなに簡単ではないよということでいろいろもめるわけです。もめる中で、でも最終的にはそういう中でも日本的な形で話が収まっていき、アメリカの場合とそう違わない結論になるという映画で、ちょっと実験的な試みでした。日本に陪審制度、シティズンシップ的なものを導入したときの危険性と可能性の両方を考えさせてくれる映画で、そのあたりを検討材料にするというのも重要ではないかと思います。こういう映画も一つの検討素材にしながら考えていけばいいのではないかと思います。民主主義の質とか討論のしくみを深めていく中で、政治的なリテラシーの問題を考えていくことが重要ではないかという点を指摘して、話のまとめに変えさせていただきたいと思います。

「言論による政治」は復権するか

――ネットの時代と民主主義

石田英敬

メディア政治の時代は終わった？

情報のコミュニケーションやメディアの視点からみたとき、世界はどんなふうに動いているか、どんな方向に向かっているかということが見えるようになった、というのが現在の私の感想です。数年前から政治の問題についても口出しをするようになり、特にメディアという角度から口出しをするようになりました。ちょうど小泉やブッシュの時代でした。メディアを駆使した政治、経済の形というものが、世界的に一般化した時代が、一九九〇年代以降の世界です。

そしてネットの時代に入るのが一九九〇年代です。冷戦が終わったとたんにインターネットが普及しはじめます。インターネットはもともと軍事技術ですから、それが民生用に開放されるのが冷戦以後の世界です。インターネットが世界の情報基盤になってかれこれ二〇年になります。

これによって世界は大きく変化します。いい意味で変化しなかったかもしれませんが。一九九〇年代以降、世界は冷戦後の大きな戦争を経験しました。湾岸戦争以後のアフガン、イラク戦争にいたる戦争です。これらと世界の情報化が同時に進んでいきます。そして、いわゆるグローバル化というものが、情報を通して世界をひとつにさせるという時代に移行していきます。たとえばＣＮＮなどのグローバルメディアが、世界に情報をどんどん配信し始めます。戦争報道を通してグローバル化が進みます。世界が情報を通して一つになるというのは、情報技術を基盤にして起こっていくわけです。

それに適応する形で、それぞれの国の政治が組み替えられていく。適応に成功した勢力が二〇〇五年くらいまでに世界を形作っていった。これがブッシュ・小泉時代だったと私は思っています。ブッシュ・小泉だけでなく、イタリアのベルルスコーニとか、やや遅れてフランスのサルコジとか、あるいは二〇〇五年時点の代表的な政治家としてはイギリスのブレアとか。これらの政権はみな、ある意味ではメディア政治としては共通のフォーマット、共通の形を共有することで成り立っていました。それがきれいに見える時代でした。そういうことを問題としていくと、私たちの世界における――この場合先進国ですが――先進国における民主主義とはどういう体系になっているか。わりとはっきり見えるという時代を数年前までは経験しています。

それが今少し見えにくくなっている。あるいはまだ次の形というものが姿を現していない。そういう意味では過渡期にあるというのが私たちの時代ではないでしょうか。グローバル化の光と影という視点からいえば、影の部分がかなりはっきりと世界的に共通認識になってきました。二〇〇八年の金融危機に至る過程を見ればわかります。いわゆる市場原理主義によって、世界が金融市場としてひとつになっていくことがもたらした世界的規模での生活破壊、これが世界危機認識として共有されてくるような、そういう時代に入ってきました。

メディアを通して統治のシステムを作っていった、いわゆる新自由主義的かつ新保守主義的な、これら二つがペアになった統治形態というものが、その体制を維持できなくなってきた。そういうことが二〇〇五年以降起こってきて、次の形を模索しているということです。その代表的なものがオバマ政権です。日本の政権交代も世界的な動きからいえば、ほぼそれと連動する形で起こっている。小泉の後に民主党の政権交代が起こるということは、ある意味でこうした課題に応えようという大きな文脈を共有しているという動きです。

いまの学生、むかしの高校生かも

そうした時に、民主主義はどういう問題を提起しているのかという観点からお話ししようというのが今日のねらいです。

若者たちの問題として、ということです。私もいま大学院の長をしているので、週一回授業ができるかどうかになってしまって寂しい状態ですが、昨年までは大学一年生から博士課程まで教えていました。もともと私は駒場の教師ですから、一番ボトムのところで語学など教えていました。一八歳で入ってくる三〇人くらいの学生とお互いに顔見知りになり、一緒に話をする機会がありました。これは旧制高校以来のことで、受け持ちクラス制です。少人数で何も分からないような子たちに教えるという、そういう機会は教師にとっても非常にいい機会です。

そういう子たちを十数年見ていると、かなり変化しています。高校の先生方はそれがもっとよく分かるのではないかと思います。一九七〇年前後のころ、高校生紛争の時代がありました。私が高校生だったころです。その頃の高校生の成熟度と現在の大学一年生、東大のような偏差値の高い大学に入ってくる学生でも、レベルが違う、昔に比べてたぶん二、三年は幼いだろうと思う。感覚的には、今の大学一年生は昔の高校二年生くらいの感覚で付き合わないと合わせられません。

これは何なのかを捉え返さないと若者論は難しい。親の時代でもう既にそうなっていますから。かつて大学が学生運動によって封鎖されたりして入学式がなかった時代がありました。私は七二年に大学に入ったのですが、その時に入学式か卒業式が復活しました。ずっと使えなかった東大安田講堂が何年ぶりかで使えた。それまでは、まともな学生がそんなところに行くものではないというのがほぼ常識だった。私も昨年の四月に学環長になって武道館で入学式に出ましたが、初めて東大の入学式というものを経験しました（笑い）。それくらいギャップがあるのです。

入学式は、生徒は全員リクルートスーツのようなかっこうをして席に着き、それだけではなくて親の席を武道館の二階、三階に用意している。家族全員でやってくる親がほとんどです。自分の子どもが東大に入ったという、ある種ハレの舞台ですね。親にとって。一昨年だったか、私は出ませんでしたが、建築家の安藤忠雄さんがゲストとして挨拶したときに、親たちに「どうぞこれからは子どもたちを自由にしてあげてください」という挨拶をしました。

つまり親と子の関係がある意味で密接で、子どもが親から離れないのではなくて、親が子どもから離れない。そういう視点で子どもたちのデフォルトの境遇があって、私たちの社会は子どもたちをずっと子ども扱いしていくということが現実になってしまっている。

消費社会四〇年のもたらした変容

なぜそうなったのか。七〇年代以降の日本の社会がそれを作ったと私は思います。これは日本だけではありませんが、日本の場合特に顕著に社会の変容があって、それはいわゆる消費社会です。消費社会に突入して以後の四〇年があって、それが消費者として日本人を作っていく、そういうことを基本にする社会になってしまったということがかなりの部分を説明できます。消費者をある意味で非常に子どもに近い状態に置いておくことが社会的に非常に活性化する。そこに現れるのがメディアの問題なのです。あらゆる視聴者を子ども扱いしていく。受動的なメッセージの受け手に変えていく。様々なものを、いわばサービスを尽くしてメッセージを与えることによって、子ども扱いされた消費者からみて住み心地のいい場所を提供していく、そういうところへと人々を押しやっていく。そういう社会が一世代以上続いてきたということが現在の日本社会の問題をかなりの部分を説明するのではないかと思います。

消費者になるといばっているが、一方働く立場になるとサービスを提供する側になりますから、厳しくお客さんのことに応えられるように、こちらは訓練型の会社組織のようなものになる。サービスの提供者になるということと、サービスの受け手になるということの両面から成り立つ公私の世界が日本の社会を作り出していて、その中で子どもたちはいつまでも子どもである方がよいという価値観が、どんどん人々の自立性を浸食していくということが起こって来たのではないかと思います。

そうした部分を担当するのは、いわゆるテレビに代表されるような情報産業が行う役割であって、そうした世界の見方に慣れてしまっている。そういう国、そういう社会において、政治とはどういうものになってしまうかということが、現在の政治と社会の問題だと思っています。これが一五年くらいしか続かないならよいようですが、もう四〇年続いています。親もそういう時代に生まれ子どもを育て始めた。こういう人々がマジョリティになってしまった。七〇年代くらいまでがんばっていた人は、この社会には適応できないという問題があって、それらの人たちがいうことは、消費者マインド化した人たちには通用しないということになってきてしまった。

オバマ選挙のインパクト

これからどうしたらいいのか。これが我々の問題だろうと思います。政治をどう復興させるのかということです。それには、政治は消費者のためにあるというのではだめであって、シチズンというのはどういうふうに作り出されるべきかという、大きな、能動的な市民社会の担い手、能動的な主体はどう作り直されるべきかという、非常に大きな課題を私たちの時代は負っている。

時あたかも二〇〇八年の金融資本主義の破綻という事件が起こりました。これはある意味、こうした消費社会の終わりを意味している。そういう議論が世界で広がってきています。もはや消費に人は戻らないだろうと多くの人が考え始めている。日本の場合、八〇年代、九〇年代はバブル時代でした。消費というものがあのような形で再び戻るということはあり得ないという認識も共有され始めています。もっと違った形で人々は資本主義を組み替えていく時代、これがエコロジーとかになるのですが。そうした中で、消費者に止まっていたのではまともな生活はやっていけない、まともな世界についての考え方を持つことができなくなるという意識がだんだん形作られていく。その中から新しいシチズンシップが生まれていくプロセスに入ってきているだろうと思います。

そういう中の一つの大きな希望として認識されたのが、バラク・オバマの大統領選挙に現れたような、ネットを通した新しい民主主義の動きだろうと思うわけです。

日本の場合も、鳩山首相の所信表明演説に現れたようなかなり長い演説を行う。そうしたことも、いろいろ限界はあるけれども始まっていて、政治的説得というものが力になる。あるいは政治的説得に訴えることによって、政治の力を作り出すという政治のあり方がやっと始まっているのだと思います。そういう段階に私たちはいるのではないでしょうか。

ブッシュ・小泉やブレアも含めて――ブレアも政治的なフォーマットの作り方としては小泉やブッシュとある種共通したものを持っていましたが、これらの人たちの二〇〇五年をピークとするメディア型の政治は、基本的には政治的な説得を政治の力にするのではなかった。政治マーケッティングというか学問というかテクノロジーがアメリカの大学では教えられています。要するにコマーシャルと同じように政治的メッセージを流通させる、コマーシャルと同じようにキャッチーなスローガンを人々の意識に埋め込むというテクノロジーが非常に発達したのです。

これはアメリカで一番発達したのですが、日本でも小泉時代は政治マーケッティングの技法が政治の中に大量に取り込まれて、電通とかの広告代理店がセクションを持っていた。消費マインドに訴えるような政治のやり方、そして政治が行われていた時代から、そうではない時代へとどういうふうに至るかということは、ブッシュからバラク・オバマへ、小泉から鳩山へというところにかけられているような変化だと思います。そのこととメディア環境の変化は密接に関わっています。

この間長らく、雄弁とか演説やディベートや、いわゆる言論による政治がずっと後退しているという時代を人々は生きてきました。日本の場合は、一九五〇年くらいまでは言論による政治が一定の力を持っていました。いろいろな限界はあるにせよ、吉田、鳩山、当時の社会党の委員長にしろ、それなりに演説というものを人々が記憶しています。たとえば所得倍増計画にしても記憶しているということがあった。ところが、いまはそういう時代と比較して、これは人材の劣化ということも関連するのですが、言論というものが政治を強化する時に軸にならないという時代に入っています。

最近に至るまで、まあ小泉のガリレオ演説みたいなのがありますが、そのあたりで空白の時代が終わるのです。ガリレオ演説はある意味テレビマーケッティング的な演説ですが、一九五〇年代の終わりから二〇〇〇年代までの空白期は何だったかを思い出してみると、それはテレビの時代です。人々が国会での演説をラジオで聞いていた時代があって、その演説について新聞でいろいろと論評が行われ、それが政治を決めるひとつの基準になっていく時代があった。その後次第に政治の舞台が、メディア的にはテレビに移っていくことをどんどん進めていく。そうすることによって政治家が言葉で語る時間がどんどん少なくなっていく。テレビによる政治が決定的になったのはもちろんアメリカです。一九六〇年のニクソンとケネディの大統領選挙で、世界の政治はテレビ時代へ突入していきます。二人のディベートを、ラジオで聞いていた人はニクソンに分があるといい、テレビを見ていた人はケネディに分がある、となった。結果的にケネディが勝利を収めたということが有名なエピソードとしていわれています。

言論が息を吹き返した

そして今回、アメリカでは、マケイン対オバマという討論となった。その前にすでに力関係は決定的になっていましたが。むしろオバマにとっての正念場は、ヒラリー・クリントンとの指名争いのときだった。ヒラリーとオバマの演説を比較すると、ヒラリーの演説はとても短い。数分、長くても七分という演説の作り方をしている。それに対してオバマの演説は長い。有名な演説がいくつかありますが、二〇数分とか長い。それをネットの上に挙げた。人々がそこにアクセスして、演説の全体を聞く、見る、視聴する。そういう形で自らの主張を打ち出していくという、全然違った戦略を行った。それがユーチューブ選挙と言わしめたオバマの戦略です。

他方ヒラリーの戦略は一時代前の戦略で、それはテレビを出口にしたメッセージの送り出し方です。いずれにしてもニュースが拾うのが長くて数十秒ですから、そういう短いものをたくさん出すことによって話題性を作り出すということが、政治的なコミュニケーション戦略の基調になるわけです。そうしたものの延長上でヒラリー・クリントンの選挙キャンペーンは作られた。テレビ型の説得フォーマットだった。

ところがオバマの方はＩＴを基盤にした戦略へと、一つステップアップした戦略を持っていた。長い演説の全部を聞こうとすれば聞ける。そういう戦略でメッセージを作っていった。そのうえ、いわゆるグラスルーツの情報ネットワークの拡大を組み合わせた。これらが全体として「オバマ現象」といわれるものを作り出していったのです。

その結果、マルチン・ルーサー・キングの演説やケネディの演説、フェディラリストたちの演説など、歴史的ないろいろな政治的演説の記憶が人々の中にもどってくる。それでオバマの政治的な主張というものが民主主義の記憶の中に位置付いていった。こうした方法が説得の基本になっていく政治のやり方に変わっていった。これがまったく新しい民主主義の再活性化を作り出しました。

演説は紙の上に書かれたものです。もともとフェディラリストたちは全て新聞系の人たちですから、印刷系のメディアを通して演説が広まっていくのがアメリカの民主主義のベースを作ってきたわけです。それが二〇世紀になってラジオが生まれ、テレビが生まれ、いわゆるマスメディアが発達していくと、紙の上に書かれた修辞を含めた理詰めの説得的な言説は、だんだんなし崩しになって、イメージ的なものになっていった。二〇世紀を通して大衆化と同時にイメージ化が進んだ。

ところがITを使うことによって、逆にもう一度長いものを見せたり、何度も見ることができるとか、場合によって人々にそれを知らせることができるという、全然違ったメディア基盤の上に政治というものが作り直される、そういう運動が起こっていることが見えたのです。その意味で、オバマの二〇〇八年の大統領選挙は特筆すべきことでした。世界の民主主義を変えたかもしれない出来事だったのです。

ネット空間の光と影

そこからいくつかの希望的ファクターを見つけることができます。マスメディアというものは、一方的に多数の人に同じ内容を放送するというものです。発信者は一方にしかなくて何百万人とか何千万人の人に同じメッセージを出している。しかも電波は希少資源ですので誰もが電波を発信することはできません。ですから一つの発信にさかれる時間の幅はどんどん縮小していく。一時間番組の値段が、メディアが発達すれば級数的に上がっていきます。そのことによってメッセージを発信するためのコストがどんどん大きくなっていき、ある限られた人たちしか情報を発信できません。しかも限られたコストで発信しますから、どんどん短くて効果的なものへとメッセージが焦点化されていく。これが政治を動かしていく。日本でいうワンフレーズ・ポリティックスのような戦術は全てこうした基盤に基づいて立てられていますから、そういったものが基調になっていきました。これが大衆主義的な民主主義を作り出していくという一世紀を人々は経験します。

ところがネットの時代になるとそれだけではメッセージは成り立たない。だれでもが発信できるというのがネットですから、そういう意味では、使い方によっては長いものも、あるいは複数の人が相互に発信するとかいう、別のコミュニケーションの作り方ができる。もちろん全ての技術は両義的な面があるので、悪いことが多いと思う人が日本の場合多いと思いますが、例えば韓国はネットの信頼度が高い。また、民主化運動の中でネットの果たした役割は大きかった。韓国のオーマイニュースとかオールタナティブ・メディアが日本にも取り入れられようとしたことがありました。逆にいうと韓国は新聞や特にテレビが体制側で押さえられているので、オールタナティブ・メディアとしてのネットはとても重要だという意識が生まれます。中国だともっとそうですし、半年くらい前から問題になっているイラクとか言論の自由のないメディアが統制されている世界においてはネットの信頼度は極めて高いです。それはオフィシャルではない情報の発信者を許すメディアなので、ネットに載っている事実は信頼度が高いと認識されますし、それなりに責任のあるネットワークが生まれますので、そのことによってネットの価値は高くなります。つまり、その国の政治状況とメディアの配置の中で、どのメディアが信頼されているか国によってかなり違います。

ところが日本の場合は、一応、いろいろ問題はあっても言論統制などはありません。もっといろいろな正確な情報が本当は必要だと思っているごく一部の人たちを除いては、知っていることは新聞でもテレビでも載っているよね、と思っています。すると日本の場合は、ネットを普及させたのが、現在の総務省とか官庁の産業系からプロジェクトとして進みましたので、産業及び商業のためにネットを活用しよう、活用できるという使い方がひとつあります。産業的な細かい情報がたくさん載っています。

もうひとつは、オフィシャルには言えないけれど、みんな心の中で思っているいやなことを言ってしまおうという、2ちゃんねる系の発信です。これは多くの場合、いいかげんな無責任なもの、ある人の表現によれば「便所の落書き」だということですが、外には出さないけれど、内部でちょっと言っていたことが外部に出てしまうような場合です。そして、信頼ある情報をネットから手に入れようとする文化が育っていない政治的状況があって、ネットの役割はそういうものにだんだん特化してきたということがあります。まともな政治的な力をネットで作ろうという動きは、今までのところはまともに立ち上がっていないというのが日本のネット文化の問題です。

選挙運動とネットの解禁

最近、明るい選挙推進協会の『私たちの広場』三〇九号に「ネットと選挙」という特集があります。私もここで書いていますが、日本でも民主党の政権交代の効果ですが、いよいよネット解禁、選挙運動をネットで解禁しようということになりつつあります。これは多分実現すると思いますが、みんなが危惧しているのはネットを解禁したらひどいことになるのではという危惧、ネットには二の足を踏む議論が、いわゆる常識的な人には逆に強いということがあると思います。

私はそうは考えていません。ものは使いようというか、私はこの論文で、ネットを責任ある政治的コミュニケーションにするきっかけにしようということを言っています。政治的にまともに認知されたコミュニケーション空間にネットがなることができれば、ネットはもう少し責任あるコミュニケーションが行われる場所に変わっていくかもしれない。日本のネット文化の中で欠けているものはおそらくそういうことなので、もうひとつのきっかけにネット選挙解禁の動きがなっていけば、それはいいのではないか。大筋そういう議論をしています。

日本のネット空間にはさまざまな歪みというものがあります。目に付くところとしては、ごく少数のネットユーザーだけがある種の徒党を組んで、いろいろないわゆる「ネット右翼」的な書き込みをやったり、様々なバッシングをやったり、「荒らし」をやったりする。そうしたことはネットでは必ず起こる。これはどの国でも問題になっています。といって匿名の空間ですからごく少数の人がやっていても大きな効果を得る。だからといってネット自体から政治を排除しようとすると、逆にこうした無責任なコミュニケーションを放置することになる。そうではなくて、これを政治的な場所としてきちんと位置づけて、ネット文化を成熟させていくということがどうしても必要だと思います。

そうした一つのやり方を示したのが、バラク・オバマの一昨年の選挙運動の中に見られた新しい政治のやり方だと思うわけです。

メディアの解体期――どこに向かうべきか

いまは大きな過渡期です。二〇世紀はマスメディアの時代、大新聞やラジオ・テレビの時代でした。現在はネットの登場によってマスメディアが解体期に入ってきたという時代です。これらはすべて産業ですからビジネスモデルとして成り立たなければ維持できません。ところが大新聞もテレビ局もが軒並み赤字です。これらの産業はどんどん解体されていくという憂き目にあうことが見えてきた時代です。これは悪いことだと私は思いますが、しかし、ロジックとしてメディアの力学からいえば、ある意味必然的に起こっている変動です。

この変動をどう治めていくか、これまた非常に大きな問題がある。例えばフランスのように、新聞が廃れると困るので、新聞の財政を政府が保護しようとしているところもあります。日本の大新聞はニューヨークタイムズのような高級紙ではありませんが、部数が大きいので、中くらいの部数の新聞が割拠しているというのが日本の状態ですので、新聞社はある種のカルテルを結んでいる。日経と朝日と読売などが手を組んで共通のサイトを作ったりします。そういう壁を作ることによって何とかネットの進入を防ごうという大同団結をやって、サバイバルに余念がないというのが現状です。これらは究極的には持ちこたえられないと思います。壁は崩れる。

そういった場合どうすればいいか、非常に大きな問題です。テレビ局は特に金融資本主義の崩壊以降広告収入は激減し、民放各社は広告料収入だけで成り立っていますので、いずれも赤字で、いずれ退場していかなければいけない状態に至るかもしれない。これは由々しき問題です。マスメディアは独占で良くないといいましたが、同時にマスメディアの役割は社会が共通して知っていることをいわば決めているという役割を担っています。テレビの場合、共通して同じ時間に同じものを見ているということによって、社会的なあるコミュニケーションの共通した平面を維持している格好になっています。

ところが、ネットのように好きな時間に好きなものを全ての人が見るようになるとみんなバラバラになります。そのことによって何が共通の話題かも分からなくなるし、何が世界で今起こっているかも分からなくなる。放置しておくと非常にアナーキーなコミュニケーションになっていく可能性があり、リスクがある。そうするとマスメディアが維持していた、新聞だと「総覧性」とか「一覧性」という言葉で語られますが、社会において重要なイシューとは何かを決めるということ、そのことによって共通の社会を担保する役割は、やはりメディアの中に必要なのではないかという議論があります。

それが無くなってしまった世界はみんながオタクになってしまうかもしれない。自分が好きなことだけを好きな時間に見ていればいい、そうするとネットはそういうことは得意ですから、どういうことになるか。あなたこれが好きだからこれも好きでしょうと——リコメンデーションシステムといいますが——たとえば皆さんアマゾンとかでネットショップで買い物しますが、ネットショップのサーバーにデータはため込まれますから、それを向こうが統計的に処理してこれとこれを買った人という情報が全部向こうが握りますから、それに応じてこれを買った人は次にこれが送られてくるというようになっていく。それぞれの人の趣味にどんどん人々は閉じこめられていく。自分の関心のある領域にはものすごく詳しくなるけれども、社会一般にみんなが知っているという、一般にというところが無くなってしまう。その結果、常識のない人が大量に出現する、すでにもうなっていますが。我々の教えている生徒たちはほとんど新聞を読みませんし、テレビも見ません。ネットだけはやっていますから、知っていることはものすごく知っていますが、誰もが知っているだろうと思うことは知らない。

こんなふうになってしまうので、それを社会として公共的に担保していくことが必要になる。どうしたらいいのか考えようとしているのが、我々情報学環の研究などです。学校、大学、図書館、公文書館などや大新聞や出版社などの機関が、ある種のゆるやかな連合を作って社会性というものを担保していくという情報基盤を作らないといけない。人々を単にネットの中に投げ出してしまうと、社会自体が崩壊する、そういう怖い事態になりかねない。どうしたら民主主義を活性化させられるか、作り直したらいいのかという課題が現在の政治、オバマの政治でもあるし、民主党の課題でもあるということです。

政権交代――ひとつの問題

日本の政権交代に関してです。前政権もマーケッティングにはかなり手を出したのですが、ことごとく失敗し敗れ去ったわけです。民主党はこの方面について多少知識のある人もいるようです。このネット選挙解禁への動きをひとつのテコに、もう一度、メディア基盤の変容に伴った民主主義はどうあるべきか、政治はどういうものであるべきか、そのためにどういうコミュニケーションの基盤を社会が持たなくてはいけないか、そういう議論を人々が深く問い直すということが私たちの今の世界には必要だと思っています。

そういう意味でオバマのやり方はひとつの大きな示唆をあたえている。直感的に言うと、政権到達まではかなりよくやったと思います。ところがその後は現実政治の壁にぶち当たってなかなかうまくいかないというのが続いているようです。これは鳩山政権にも言えることで、所信表明演説まではうまくやるなと思っていましたが、ぶら下がり取材などに答えすぎて普天間問題に見られるような、ふらふらした、政治が漂流しているというような受け止め方をされている。どこまで立て直すか、もう一度深く考え直して、ネットをもっと利用してまともなメディアを保護する形を作って、次の政治の姿を提示するのが新しい政治の役割だと私は思っています。選挙のネット解禁が一助になればいいなと思います。

日本の場合もう一つの問題があります。これは日本の民主党の問題です。政権交代の最大の発想には、統治システムの変更という、議院内閣制を忠実に実行しようということがあった。そういう意気込みで始まった政権交代だった。いわゆる内閣主導、政治主導、政治一元化とかでいわれているものです。イギリスモデルで議院内閣制を忠実に実行しようという意気込と官僚批判がセットになって打ち出されているのがマニフエストです。

官僚主導は、この間の事業仕分けのような、それ自体の評価についてはいろいろあると思いますが、私はあれは非常に問題があると思っています。いわゆるポピュリズムにつながるような政治のやり方ではないか。本来ああいうことをやるのであれば議会の中でやる。国の予算の作り方に異議があるのであれば議会の中で議論されるべきテーマであった。アメリカでは戦闘機の開発をどうするかということは議会マター、予算を通すかどうかも議会マターです。もちろんアメリカは大統領制ですから日本とは違いますが、しかし、趣旨としては政府の予算をどう決めるかは議会で承認されるものなので、議会の中で民主主義を機能させるべきマターだったはずです。ところが事業仕分けは、議会でも内閣でもない民間の前でした。ところが民間は構想日本のような小泉時代とまったく同じ人がやっているという側面が強い。事業仕分けの国の無駄遣いの削減というのは聞こえはいいけれど、これは国家を削減しようというネオリベラリズム的な人たちが良い悪いの定義をして行われた事業仕分けという側面が強くて、ほんとうにこれでいいのかということです。それらの人たちがどういう正当性を持ってこうした作業に加わるかについては、充分議論されないまま行われた。これがまずひとつ大きな問題です。そこだけがしかし、内閣の支持率を上げています。（笑い）

問題なのは議院内閣制を忠実に実行しようとする政権交代が、議会を空洞化させる結果になっているわけです。議員立法はやらない。一年生議員は内閣へ加わらせない。議会では強行採決をやる。こういうやり方は議会制民主主義を弱めることにしか通じておらず、決して議院内閣制、議会民主主義の本元であるイギリス型民主主義であるとは言えないと思います。

政治の言論が人々の情報回路の中に

鳩山の所信表明演説までは良かったのですが、その後の展開が、議会でちゃんとディベートをやるはずだったのが、そうした姿を人々がテレビなりネットで見るはずだったのが、そうはならなかった。人々が期待したような展開をし、そのことによって政治的な説得というものがどういうものであるかが、人々の情報回路の中に組み込まれていくということがないと、日本の民主主義は進化しません。

この回路を作ることが、この数年間日本の政治ではできていない。参議院選挙での与野党逆転からねじれという言葉で日本の議会は語られ、ねじれは異常だといわれた。ところがやるべきだったのは議院・議会においてのまともな議論です。その時に始まるべきだったのが、ねじれという言葉で回避されてしまった。政権交代によって、もう一度議会が見直されるべきチャンスだったはずなのに、議院内閣制、内閣主導、内閣与党一元化という中で再び議論が封じ込められることになってしまい、そのことによって議論が社会に起こらないということになってしまっている。これが大問題だと思います。

つまり日本の場合は、せっかく少しアメリカのオバマと同じ方向へとちょっと説得型民主主義へ踏み出したかに見えたわけですが、まだ私は希望を捨てていませんが、議会におけるディベートを活性化させるということと、内閣での決定に人々を内閣外、つまりテレビの前でとかいう形ではなく、議会のような本来の民主主義の枠組みの中と、それと結びついたメディアの中でそれに立ち会うという回路が作れない限り、日本のメディアと政治の関係は健全なものにならない。

現状は鳩山演説だけで終わってしまっていて、閣僚たちは小泉時代と同じぶら下がり取材に応じるということが透明性だという錯覚に陥っていて、事業仕分けのように内閣でも議会でもない外でもって、無駄の削減をやるということでメディアの喝采を浴びるというポピュリズム型の政治をしている。こういう配置がどうも見えてきていて、これはかなり由々しき事態だと警戒感を深めています。

メディア環境も変わった。テレビが威張っていた時代はテレビを通してしか言えないのでテレビに合わせた宣伝しか作れなかったが、ネットが登場することでオバマのようなやり方が実際に前例としてあるので、もう一度政治的コミュニケーションの立て直しをどうやっていくかを総合的に考えるべき時代に私たちはきていると思います。

社会基盤としてのコミュニケーション

メディアというのは基本的に成層していく、地層のように折り重なっていくと言われています。古いメディアの上に新しいメディアが堆積していく。その際、いわゆるマニアックなものはすぐなくなって次に新しいものが出てきて、すぐにみんながそれに移行するというふうにはメディア文化は進まない。自分自身のことを振り返ると分かりますが、メディアとそれぞれの人の関係はかなり固定しています。新聞を読む習慣を持った人は恐らく死ぬまで新聞を主要なメディアと（笑い）しています。テレビをあるときに見るくせがついた人はずっとテレビを見続けます。ネットを使い始めた人はずっとネットというふうになっていく。そうすると新しい政治的プラットフォームを作り出す人たちは必然的に若い人、皆さんがだめだということではありませんが（笑い）。若い人たちから起らないとだめなのです。

オバマの時もそうでしたが、若い人たちがi-Podとかi-phoneなどでいろいろな情報を持っていてネットワーク化して、お互いにやりとりして、どこのサイトがいいとか、どこで集会があるとかということでつながっていく。そういうことによって立ち上がった草の根の運動が世界を変えていくことになった。

若い人たちがこうした政治文化にどういうふうに触れていくか。彼らが政治的に成熟していく環境を、大人の役割としてどうやって用意してあげるか。大人の責任は、子どもたちがネットに入ったときに、ネットはだめだ、携帯はだめだとか言うのではなく、まともな使い方はどういうものか、ちゃんとしたところに行けばちゃんとした確かな知識が得られ、政治的にも成熟していくというプロセスを、それを生み出す環境を用意しておいてあげるということが大人の役割です。これは一人の力とか民間の力だけではできませんから、いろいろな公共機関、図書館・学校・大新聞など公共性を担保する役割を持った諸機関が、意識的に子どもたちを政治的に成熟させることができるような、責任あるコミュニケーション空間を作って用意していく役割を私たちは負っていると思います。

社会基盤としてそうしたコミュニケーション技術を伴ったプロジェクトを社会のどういうところに埋め込んでいくか、新聞など既成のメディアとの関係をどういうふうに調整しようとしていくか、コミュニケーション政策というかＩＴ政策というか、そうしたことを社会全体で大きな取り組み、プロジェクトにしていくべきだと思います。やはり国家プロジェクトとして公共的基盤をどうするかということを、社会のテーマにすべきだと思います。

公共空間を「張り直す」ということ

これは情報を伝達するということだけに止まるプロジェクトではないと考えられます。環境の問題、エコロジーや産業の問題とも結びついています。ちょっと良い例があります。それはＮＨＫです。ＮＨＫは社会的信用を無くしていく時期がありました。ところが非正規雇用とかワーキングプアーなどの問題を発掘したメディアはそう多くはありませんが、それを拓いたのです。社会の深部にまで報道を掘り下げるという取り組みは決して民間の放送局ではできない事業です。そうしたドキュメンタリーや様々な報道番組がどれだけ私たち社会の見方をここ数年変えてきたかを考えると、公共放送はいかに大切かが分かったと思います。こうした公共、もちろんＮＨＫがすべていいとはいいませんが、基軸になる公共放送を持っている国は今ではかなり少ない。こうしたことが社会をもう一度人々に発見させるということに果たした役割の大きさを考えると、このような公共的なメディア基盤を社会が持っていくということは、国のまさに民主主義にとって重要な掛け金（ステイク）にしていくと思います。

これは放送局だけである必要もないし、新聞社だけである必要もありません。それらを全部合わせるような、さらに大学や学校や地域の図書館を含めて、これらを全部むすび合わせる技術――それはＩＴそのものなので――こうしたネットワークを形成することが求められている。私は「公共空間を張り直す」という言葉を使っています。市場原理主義や消費社会によってずたずたにされたような公共空間をもう一度張り直すということの必要性が今こそ感じられる時代はない。その公共空間を張り直すためにネットを使おうということです。そのことによって環境問題等に応用していくことができるようになってくると世界は変わると思います。

消費社会を越えた経済と政治の仕組みがリンクする時代

Googleが考えているのは単に検索エンジンを世界化するということだけではありません。Googleにはストリートビューというサービスがあって、あらゆる地図上の起点から何が見えるかということを可視化するというサービス、たとえば渋谷の街を歩いていて何番地に立ったときに何が見えるかという写真を立体的に示すことができる。これを日本の場合まったく同意なしに主要都市で開始しました。一昨年の八月です。この問題は非常に大きな問題で、特に日本の部落差別問題とか在日民族差別とかの問題に関連してとても大きな人権問題をはらんでいます。私もその問題を指摘しましたが、日本のGoogle社の人たちはそういう問題が存在するということ自体を知らない、そういう驚くべき状態だったのです。ところがサービスを始めてしまうと、どの地域はどういう地名という、地図上のここが被差別部落だというようなことが示されるようになると立体的な差別地図ができあがります。人々のあらゆる生活の場面にネットが入り込んで来ることには、人権問題とか民族差別問題とかあらゆる問題に注意しなければならない。社会的マイノリティの問題だけでなくて、お年寄りとか住んでいる人の家が丸見えになってしまいますのでそこからリスクも発生するわけです。社会的合意を取る前にそういうことを始めるということで非常に大きな問題があるのです。だから、一企業にそうしたことを任せておくのは大変危険です。

ですから、社会全体で情報の基盤作りを進めていかなければならない。

他方、情報基盤は、情報だけの問題ではなくて、生活の基盤となりつつあります。たとえば、「スマート・グリッド」という構想では、ネットをつかって環境エネルギー問題への取り組みを加速させよう。クリーンエネルギーを推進する基盤にしようという計画が進められています。

クリーンエネルギーのためには、発電所をつくるのではなくて、太陽光パネルでそれぞれの家庭から発電するやり方がいいのではという認識が広がってきていますが、太陽光パネルで発電して、家で消費しない時間は誰か別の家庭が使えばいいということで、電気自体をネットワーク化して必要なところへ配流してあげれば、社会全体としてはクリーンエネルギーで発電できる。そういうことがインターネットを通してできる。情報を共有することと、エネルギーを共有することが同時にリンクして行いうるわけです。さらにそれを電気自動車みたいなものと結びつけておけば、クリーンエネルギーと情報社会はイコールの関係になる。こうしたものは新しい産業で作り出していくわけです。こうした原理によって動き始める社会がどんな政治的な制度を持っているべきか、そういうことと結びついてオバマの革命はやがて花を開くときが来ると思います。オバマの時に花が開くか分かりませんが。今のところは産業的なブレイクスルーや社会全体にまで広がるという動きが起こっていないので、なかなか現実の壁は厚く、あるところまではうまくいくけれど難しい問題です。

しかし、もう少しこうした構想がまともに進むと、新しい形の環境型経済と、つまり消費資本主義ではない経済と、情報化した社会を運営していく政治の仕組みとがリンクすると、違った形のデモクラシーが登場してくるということも少し見えてきました。すべてがバラ色ではありませんが、そういう方向へこれからの政治は踏み出すことができるかもしれません。

[執筆者紹介]

二宮厚美（にのみや・あつみ）

1947年生まれ。神戸大学大学院人間発達環境学研究科教授。主な著書に、『日本経済と危機管理論』（1982年）『現代資本主義と新自由主義の暴走』（1999年）『日本経済の危機と新福祉国家への道』（2002年）『ジェンダー平等の経済学』（2006年）〔以上、新日本出版社〕『円高列島と産業の空洞化』（1987年、労働旬報社）『自治体の公共性と民間委託』（2000年、自治体研究社）など。

小玉重夫（こだま・しげお）

1960年生まれ。東京大学大学院教育学研究科教授。公教育の公共性問題を中心に研究し、シティズンシップ教育の第一人者。主な著書に、『教育改革と公共性 ボウルズ＝ギンタスからハンナ・アレントへ』（1999年、東京大学出版会）『シティズンシップの教育思想』（2003年、白澤社）『教育と政治　戦後教育史を読みなおす』（2003年、勁草書房、共著）『教育学をつかむ』（2009年、有斐閣、共著）など。

石田英敬（いしだ・ひでたか）

1953年生まれ。パリ第10大学大院博士課程修了、人文学博士。2000年より東京大学大学院情報学環学環長、同学際情報学府学府長。その間、パリ大学客員教授、リヨン大学客員研究員など。
主な著書に、『記号の知／メディアの知—日常生活批判のためのレッスン』（2003年、東京大学出版会）『現代思想の地平』（2005年、放送大学教育振興会）『知のデジタル・シフト—誰が知を支配するのか？』（2006年、弘文堂）など。

民主主義教育21　別冊
政権交代とシティズンシップ

2010年6月5日発行

編集　**全国民主主義教育研究会**
発行　株式会社 **同時代社**
〒101-0065
東京都千代田区西神田2-7-6
電話 03-3261-3149
FAX 03-3261-3237
印刷　モリモト印刷株式会社

ISBN 978-4-88683-673-1